Mons. Tihamer Toth

CRISTO REY

RESUMEN ADAPTADO POR ALBERTO ZÚÑIGA CROXATTO

ÍNDICE

	Introducción	5
I	Concepto de la realeza de Cristo (I)	7
II	Concepto de la realeza de Cristo (II)	17
III	Los derechos de Cristo a la realeza	21
IV	Cristo, Rey de la patria terrena	30
V	Cristo, Rey de la patria eterna	38
VI	Cristo, Rey de la Iglesia	49
VII	Cristo, Rey del sacerdocio	57
VIII	¿Qué significa el nacimiento de Cristo para el mundo?	66
IX	Cristo, Rey de mi alma	72
X	Cristo, Rey de los niños	78
XI	Cristo, Rey de los jóvenes	86
XII	Cristo, Rey de la familia (I)	90
XIII	Cristo, Rey de la familia (II)	94
XIV	Cristo, Rey de la familia (III)	103
XV	Cristo, Rey de la familia (IV)	107
XVI	Cristo, Rey de dolores	117
XVII	Cristo, Rey crucificado	124
XVIII	Cristo, Rey de los atribulados (I)	129
XIX	Cristo, Rey de los atribulados (II)	140
XX	Cristo, Rey de los confesores	149
XXI	Cristo, Rey de la vida humana	161
XXII	Cristo, Rey de la mujer	169

XXIII Cristo, Rey de las madres 179
XXIV Cristo, Rey de la muerte 185
XXV ¿Quién es Cristo para nosotros? 195
XXVI Ave, Rex! 205
Encíclica Quas primas de Pío XII 215

INTRODUCCIÓN

11 de diciembre de 1925, los anales de la Iglesia registraron un acontecimiento de trascendencia suma: Su Santidad el Papa Pío XI, en su encíclica *Quas primas*, instituyó una nueva festividad; mandó consagrar que un domingo del año se celebrase la fiesta de la «Realeza de Cristo». Es un tema tan importante, que le vamos a dedicar este libro.

Y al escogerlo como tema de este libro me fundo en dos consideraciones.

La primera es el respeto filial y homenaje que hemos de manifestar los fieles católicos a todas las palabras y a todos los actos del Papa. Él es la Cabeza visible de la Iglesia.

Y me acucia también la importancia del tema. El objeto de la nueva festividad es tan inagotable, que temo falte lugar y tiempo para desarrollar los puntos necesarios, es decir, para explicar debidamente la «Realeza de Cristo».

¿En qué consiste la nueva festividad y cuál fue el objetivo del Papa al instituirla? ¿Qué significa la realeza de Cristo y qué podemos esperar de la misma? ¿Cómo ha mejorado la sociedad desde que se dejó guiar por Cristo y qué sería de ella sin el Redentor? Cristo es Rey de todos nosotros: es Rey de la Iglesia, Rey del sacerdocio, Rey de los confesores, Rey de los atribulados, Rey del individuo y de la sociedad. Política, matrimonio, deportes, costumbres, vida moral, infancia, juventud, mujer, familia, ¿adónde llegan cuando siguen a Cristo y cuál es su resultado, si prescinden de Él?...

Tales serán los puntos que pienso exponer. Pido a mis amables lectores que sigan los razonamientos con el interés y atención que se merecen la palabra del Papa y la importancia del asunto.

CAPÍTULO PRIMERO

CONCEPTO DE LA REALEZA DE CRISTO (I)

I

Cuando instituyó Pío XI esta nueva festividad, lo hizo pensando en el bien que traería al mundo entero.

Al hacerlo, el Papa hizo constar explícitamente que lo que esperaba de la misma era una «renovación del mundo». Tenía una tristísima experiencia. La guerra mundial se terminó con un tratado de paz, para el cual no se pidió la colaboración del Papa. ¡Funestos «pactos de paz» aquellos en que ni siquiera se menciona el nombre de Dios! Y continúan las asambleas por la paz, pero nadie pronuncia el nombre de Dios...

¡De ahí los resultados que vemos! No vivimos en paz y no estamos tranquilos. Nuestro mal está justamente en que no somos lo bastante cristianos.

El Papa es precisamente el vigía en la atalaya del Vaticano, a él incumbe mostrar el camino. Es el que mejor conoce cómo está la salud espiritual del mundo. ¿Qué es lo que nos está diciendo el Papa al publicar la festividad de Cristo Rey? *¿No tenéis paz? No la tenéis porque la buscáis por caminos errados. Prescindís de Cristo, cuando Él es el punto céntrico de toda la Historia. Se ha desencadenado la peste en el mundo, la peste que destruye las conciencias y la vida moral. ¡Hombres! ¡Esta peste está corrompiendo el mundo! ¡Os contagiáis cuando desterráis de vuestra vida a Cristo! De seguir así, pereceréis...*

Y lo que más prueba cuanta razón asiste al Santo Padre es el hecho de que nosotros ni siquiera nos asustamos al oír su grito de alarma. ¡Qué poco se habla de ello en los medios, en las reuniones, en las conversaciones...!

¿Sucede realmente así? ¿Dónde se habla de ello? En ninguna parte.

Y esto precisamente demuestra lo gravemente enferma que está la sociedad. Desde el más alto puesto se nos llama la atención sobre la enfermedad mortal que padecemos y ni siquiera nos asustamos, no movemos ni un dedo.

A este respecto, me acuerdo de un caso curioso. Un médico experimentado llevó a sus jóvenes alumnos a una gran sala del hospital; los colocó en medio de la misma y les dirigió esta pregunta: «Díganme ustedes desde aquí, de lejos, ¿cuál es el enfermo más grave?» No atinaban a saberlo y nadie se atrevía a contestar. ¿Cuál?... ¿No lo saben? Pues bien, miren allí, en aquel rincón, aquel hombre que está lleno de moscas. Es él. Porque si un enfermo sufre con tranquilidad, con apatía completa, que las moscas se posen sobre su cara, es señal de que ya se acerca su fin...»

La enfermedad de la sociedad no puede ocultarse por más tiempo; aparecen ya las úlceras gangrenosas; pero nadie cambia de postura, nadie se asusta...

Pero ¿dónde está el mal?, me preguntará tal vez alguno. ¿Es que acaso se persigue a la Iglesia? ¿Es que no hay libertad religiosa? ¿Es que le espera al creyente el cadalso o la cárcel? No, ya no existen tales persecuciones, como la de los antiguos Nerones y Dioclecianos. La peste actual obra de distinta manera. Sus bacilos enrarecen el aire en torno de Cristo y no permiten que en la vida pública seamos católicos.

El mundo es un libro inmenso; cada criatura, una frase del mismo; el autor, la Santísima Trinidad. Todo libro gira alrededor de un tema fundamental; si quisiéramos resumir en una sola palabra el pensamiento fundamental del mundo, habríamos de escribir este nombre: ¡Cristo! Ahora no lo vemos aún con toda claridad; tan sólo lo comprenderemos cuando aparezca en el cielo la señal del Hijo del Hombre... Entonces veremos sin nubes y neblinas que Él fue el alfa y el omega, el principio y el fin, el centro y la meta. Pero aunque ahora no lo veamos con claridad, creemos; creemos que donde falta la señal del Hijo del Hombre, allí reina la oscuridad, allí se eclipsa el mundo espiritual. ¡El Sol se eclipsa para las almas!

«¡Pero confesamos a Cristo! Nos consideramos católicos», me dirás acaso, amigo lector. Sí: quién más, quién menos. Pero ¡son tan pocos los que viven a Cristo! Cristo es Rey en mi corazón, es verdad; Cristo es el Rey en mi hogar, es cierto, ¡pero no basta! Cristo es Rey... también en la escuela, en la prensa, en el Congreso, en la fábrica, en el municipio...

Pasemos nuestra mirada por el mundo: ¿Dónde impera la santa Cruz de Jesucristo? La vemos en los campanarios de las iglesias, en algunas escuelas, sobre la cama de algunos católicos. Pero en la vida pública, ¿dónde impera la Cruz de Cristo? No la vemos.

Una noche fría, una noche sin Cristo envuelve las almas. Cristo, aun para muchos de los que fueron regenerados por el santo bautismo, no es más que un vago recuerdo que no influye apenas en sus vidas.

¿Comprendes, pues, cuál es el objetivo de la nueva festividad? Hacer patente esta terrible verdad: que Jesucristo, el Sol del mundo, no brilla en este el mundo.

Nadie persigue la religión de Cristo. Pase; pero «no hay lugar para Él» en ninguna parte. ¡Cómo suena para nosotros esta frase: «no hay lugar para Él»!... ¿Dónde la hemos oído? Ah, sí... La noche de Belén: allí tampoco hubo nadie que persiguiese a Jesús...; sólo que las circunstancias políticas, sociales y económicas eran tales, que no hubo lugar para Él. Hoy no se persigue, acaso, a Cristo, pero... «no hay lugar para Él». ¿En dónde se puede hallar hoy a Cristo? Tan sólo en la iglesia. Pero esto no basta. Él nos lo pide todo, porque le pertenece. En el momento de salir de la iglesia ya no tenemos la impresión de vivir entre cristianos. Cristo es Rey, pero le hemos despojado de su corona, y así no puede reinar.

II

¿Cómo hemos llegado a tal extremo? Como la araña insensata de la parábola de Jörgensen.

En una hermosa mañana una pequeña araña sujeta a la copa de un árbol muy alto de un fino hilo, se deslizó hasta el cerca del suelo. Allí encontró un arbusto de tamaño más que regular y empezó su trabajo: comenzó a tejer una red. Ató el cabo superior al hilo largo por el cual había bajado; los otros cabos los fijó en las ramas del arbusto.

El resultado del trabajo fue una telaraña magnífica con la que podía cazar moscas con gran facilidad.

Pero al cabo de algunos días ya no le pareció bastante grande la red, y la araña empezó a ensancharla en todas las direcciones.

Merced al hilo resistente que bajaba de arriba, la obra pudo hacerse a las mil maravillas. Cuando en las madrugadas otoñales las brillantes perlas del rocío matutino cubrían la espaciosa red, parecía toda ella un velo recamado de piedras preciosas que centelleaban al ser atravesadas por los rayos del sol.

La araña se sentía muy orgullosa de su obra. La cosa iba bien, de tal forma que engordaba de día en día y lucía un abdomen respetable. Ya no se acordaba de lo desmirriada y hambrienta que había llegado a la copa del árbol hacía unos meses...

Una mañana se despertó de muy mal talante. El cielo estaba nublado; no se veía una sola mosca por los contornos; ¿qué haría en tan fastidioso día otoñal?

«Al menos daré una vuelta por la red —pensó por fin—; veré si hay algo que remendar.»

Examinó todos los hilos, para ver si estaban seguros. No encontró el más leve defecto; pero su mal humor no desaparecía.

Al ir y venir refunfuñando de una a otra parte, notó en el cabo superior de la red un hilo largo cuyo destino no podía recordar. De los demás hilos lo sabía muy bien; éste viene acá, al final de esta rama rota; aquél va por allá hacia la espina aquélla. La araña conocía todas las ramas, la trama toda de su tela; pero ¿qué hace aquí este hilo? Y, para colmo, es completamente incomprensible que suba hacia arriba, sencillamente al aire. ¿Qué es esto?

La araña se irguió sobre sus patas traseras, y, abriendo lo más posible los ojos, miró hacia lo alto. ¡No hay más que ver! Este hilo no termina nunca. ¡De cualquier manera que se le mire, este hilo va derechito a las nubes!

Cuanto más esfuerzos hacía la araña para llegar a la solución del enigma, tanto más se irritaba. Pero ¿para qué sirve aquel hilo que sube hacia la altura? Naturalmente, en medio del continuo banquete que se daba de la carne de las moscas, había ya olvidado por completo que cierta mañana hacía meses ella misma bajó por este hilo. Tampoco recordaba cuánto le sirvió el mismo hilo para tejer la red y ensancharla. Todo lo había ya olvidado. No veía allí más que un hilo inútil, sin fin alguno, conduciendo hacia arriba; un hilo que para nada servía, un hilo que colgaba del aire...

— ¡Abajo! —gritó por fin, completamente fuera de sí, y de un solo mordisco rompió el hilo.

La telaraña se desplomó instantáneamente..., y cuando la araña recobró el sentido estaba tendida en el suelo, paralizada, al pie de la zarza; la ruina de lo que había llegado a ser —una espléndida red entretejida de perlas y de plata—, la envolvía como un húmedo jirón de trapo. En aquella mañana nebulosa se convirtió en pobre pordiosera; derribó en un segundo toda su obra, porque no comprendió la utilidad del hilo que la guiaba a las alturas.

Hasta aquí la parábola de Jörgensen, parábola de profundo significado, parábola que denuncia con claridad aquella falta, aquella enfermedad radical por la cual sufre tan aguda crisis la sociedad moderna. No se respeta la autoridad, se falta el respeto a la ley. No se respeta el saber, la virtud, la experiencia, la edad. ¡Se da una increíble contradicción: a la vez que hay un enorme progreso técnico, el hombre es cada vez más desdichado! ¿Por qué? Porque se desarrolló tan sólo una parte de nuestro ser.

Si a alguno le creciesen solamente las manos, sería un hombre contrahecho. Es lo que le pasa a la sociedad, se ha desarrollado mucho la ciencia, la técnica, la industria..., ¡pero no se ha progresado en integridad moral!... No es de extrañar que esté contrahecha.

¿Qué es la historia del último siglo sino triste una apostasía continua, cada vez más notoria?

En la Edad Media, todas las manifestaciones de la vida estaban enseñoreadas por Cristo. Hoy no ocurre lo mismo, desde que el alto grado de desarrollo de la ciencia y de la técnica nos ensoberbeció y nos dieron vértigo...; desde entonces nuestra mirada se clavó exclusivamente en la tierra.

Los hombres de la Edad Media creían que la Tierra era el centro del universo, y, no obstante..., sabían mirar al cielo. Hoy sabemos que la Tierra no es más que un puntito en el universo, y, sin embargo, a ella se limitan todos nuestros deseos y nos olvidamos del cielo.

Los antiguos creían que el mundo daba vueltas en torno de la Tierra, y a pesar de ello se portaban como si esta Tierra no fuese lo principal de sus vidas; hoy sabemos que la Tierra no es el centro del universo, y, con todo, vivimos como si todas nuestras esperanzas hubieran de concentrarse en ella.

¡Y así vamos viviendo! ¡Y nos ufanamos! Pero llega un momento en que una mina se desploma, una explosión destruye varias fábricas, un tornado devasta una región y mata a centenares de hombres... Entonces se estremece por un momento el hombre en su pequeñez, al ver la mano poderosa de Dios; pero esto no dura más que un momento. Sentimos lo que sintió la *Armada Invencible*, el soplo de Dios, capaz de dispersar a los ejércitos más poderosos; pero al momento siguiente, por encima de las minas derruidas, en medio del estertor de los moribundos, el hombre sin Dios sigue jactándose de sus proezas.

Imaginemos la escena: Si Cristo bajara de nuevo a la tierra, se volvería a ser rechazado como ocurrió en la noche de Belén, cuando sus padres le buscaban hospedaje.

¿Dónde podría nacer Cristo?

San José pasa por muchas ciudades y toca la puerta de muchas casas. «No podemos acoger a nadie más; no tenemos sitio.»

Toca en los estudios de los artistas. «De ninguna manera; el arte no tiene porque verse influido por la moral.»

Toca en las redacciones de los diarios; toca en los cines y teatros. No le dejan entrar... «No hay lugar para Él.»

Toca a las puertas de las fábricas. «¿Estás inscrito en el sindicato?», es la pregunta con que le reciben. «¿No? Entonces, ¿a qué vienes?...»

Cristo no cuenta para nada en este mundo. «¡Cristo Rey!» ¡Oh pobre Rey sin tierra!

Hace siglos que los bacilos de la peste de la inmoralidad se han infiltrado solapadamente en la sangre de la humanidad; a costa de ir diluyendo cada vez más la doctrina de Cristo, ¡ahora nos encontramos que está todo corrompido!

El destierro de Cristo empezó en el mundo de las ideas.

Día tras día íbamos pensando en todo menos en Dios. Nuestra fe se debilitaba cada vez más. No ha muerto aún, es cierto —todavía somos cristianos—; pero está dormida.

¿No lo crees, amigo lector? ¡Oh!, ¡si tuviésemos una lámpara de Aladino para descubrir en qué piensan los hombres!... Observa, sino, los pensamientos de muchos cristianos durante el día; ¿son diferentes de los que pudieron tener los paganos honrados, los paganos rectos, antes de la venida de Cristo? Un poco de bondad natural, una honradez exterior, cortesía...; pero, en el fondo del alma, un mundo helado, un mundo sin Cristo.

Y la gran apostasía se continuó en el hablar.

Hablamos de las cosas en que pensamos, de las cosas que llenan nuestro corazón. De la abundancia del corazón habla la boca. No pensamos en Cristo, en sus leyes, en su Iglesia; por este motivo, tampoco entran en nuestros temas de conversación. ¡De cuántas cosas se habla hasta entre los católicos! Deporte, veraneo, diversiones, peinados, modas, clima, política, viticultura, del dólar, del cine, de la salud, dietas, estudios...; pero ¿y de Cristo? No hablamos de Él, sencillamente, porque no pensamos en Él.

Estamos dispuestos a charlar largo y tendido de cualquier tontería; pero nos sonrojamos de hablar de Dios, que nos creó. Hacemos una lista de los propios méritos y, cuando llega el momento de hablar de Aquel ante quien han de hincarse todas las rodillas, cuando nos toca hablar de cosas religiosas, nos sentimos encogidos. En la Europa llamada cristiana, ¿cuántas veces al año se pronuncia el nombre de Cristo? ¡Menos todavía el de Cristo Rey! ¡Oh pobre Rey desterrado!

* * *

Esta es la triste situación de la sociedad moderna.

Hemos desterrado al Rey. «No queremos que éste reine sobre nosotros.» La política dijo: ¿A qué viene aquí Cristo? La vida económica exclamó: El negocio no tiene nada que ver con la moral. La industria proclamó: con Cristo no obtendríamos tantas ganancias. En las ventanillas de los Bancos le dijeron: Vete, nada tienes que buscar entre nosotros. En los laboratorios y universidades: La fe y la ciencia se excluyen... Y, finalmente, hemos desembocado en la situación actual, que parece escribir un gran INRI: ¡Cristo no existe! ¡El Rey ha muerto!

Entonces pregona el Papa Pío XI: ¡Aleluya! Jesucristo no ha muerto. ¡Aquí está el Rey! ¡Cristo vive y reina por los siglos de los siglos! ¡Lejos de nosotros un cristianismo diluido! Nosotros pregonamos que Cristo tiene derecho absoluto sobre todas las cosas: tiene derecho sobre el individuo, sobre la sociedad, sobre el Estado, sobre el Gobierno. Todo está sujeto a Cristo. ¡La misma política! ¡La misma vida económica! ¡El mismo comercio! ¡El mismo arte! ¡La misma familia, el niño, el joven, la mujer..., todo, todo!

Sí, Cristo es Rey de todos los hombres. ¡Es el Rey de los reyes! ¡El presidente de los presidentes! ¡El Gobierno de los Gobiernos! ¡El Juez de los jueces! ¡El Legislador de los legisladores! El estandarte de Cristo ha de ondear por doquier: en la escuela, en el taller, en la redacción, en el Congreso. ¡Viva Cristo Rey!

Ha de repetirse el milagro de Caná: *Señor, no tenemos vino*, estamos bebiendo aguas pútridas por tanto materialismo. Haz que tengamos otros ojos, que todo lo miremos de manera distinta, que tengamos otro corazón y otros deseos...; que vivamos un cristianismo auténtico.

¡Señor, acompáñanos al orar, para que sepamos orar como Tú rezaste!

¡Señor, quédate con nosotros cuando trabajamos, para que sepamos trabajar como Tú trabajaste!

¡Señor, te queremos tener presente cuando comemos y nos regocijamos, cómo Tú te regocijaste con los hombres en las bodas de Caná!

¡Señor, acompáñanos cuando vamos por la calle, tal como Tú ibas con tus discípulos por los caminos de Galilea!

¡Señor, te queremos tener presente cuando estamos cansados y sufrimos, para que Tú nos consueles y alivies como lo hacías con los enfermos!

¡Señor, vuelve a ser nuestro Rey!

¡Tú eres nuestra Vida!

CAPÍTULO II

CONCEPTO DE LA REALEZA DE CRISTO (II)

¿Por qué los hombres rechazan a Cristo? Porque no quieren aceptar el reinado de Cristo.

Recordemos la escena de Belén: Los tres magos están postrados ante el pesebre... Este Niño, al que adoran y le traen regalos, *es el Hijo del Dios vivo, el Verbo encarnado, el Soberano del linaje humano*. Es decir, ¡Jesucristo es Rey! ¡Es niño, pero también es Legislador! Nos ama, pero también es nuestro Juez. Es dulce, pero a la vez exigente. Y si es mi Rey, entonces yo no puedo vivir tan frívolamente como lo he hecho hasta ahora. Jesucristo debe tener voz y voto en mis pensamientos, en mis planes, en mis negocios, en mis diversiones. ¡Ah!, pero esto nos resulta demasiado exigente. Nos resulta muy duro y no queremos admitirlo. Porque la sencillez, la pobreza, la humildad de este Cristo de Belén es una acusación inexorable contra nuestro modo de vivir. Porque si Cristo tiene razón, es patente que nosotros no la tenemos; no tiene razón mi orgullo, mi afán inconmensurable de gloria, mis ansias de placeres, mis idolatrías de tantas cosas terrenas, mi culto al becerro de oro.

Esta es la causa por la que nos resistimos a someternos al yugo de Cristo.

No quiero a Cristo, porque su humildad condena mi jactancia.

No quiero a Cristo, porque su pobreza reprueba mi afán de bienestar y de placeres.

No quiero a Cristo, porque su confianza en la Providencia condena mi materialismo y autosuficiencia.

Pero si Cristo es mi Rey, entonces no pueden ser mis ídolos la razón, el placer ni el dinero.

Si Cristo es mi Rey y mi Dios, no puedo hacer de la razón o de la ciencia un ídolo.

He de respetar la ciencia, sí; pero no elevarla a la categoría de divinidad. La ciencia no puede explicármelo todo y mucho menos colmar mis ansias de felicidad.

Nunca como en la actualidad ha habido tantas escuelas y universidades, tantas bibliotecas, tantos recursos para adquirir conocimientos y culturizarse. Y no obstante, proliferan los asesinatos, la corrupción y la decadencia moral. La ciencia, el libro, la cultura, no pueden suplirlo todo. No ocupan el primer lugar, que sólo puede ocuparlo Dios. ¿No fue acaso el ángel que más sabía, Lucifer, el que se precipitó en los más profundos abismos? ¿Y no leemos a cada paso que entre los grandes criminales hay hombres muy cultos, con muchas cualidades, muy astutos y hábiles? Sabemos muchas cosas, sí, pero... ¿qué sabemos? Construimos rascacielos, explotamos los recursos naturales, nos divertimos, nos lo pasamos muy bien... pero no sabemos ser honrados, no sabemos perseverar haciendo el bien, no sabemos ser felices, no sabemos vivir una vida digna del hombre.

¡Cristo es nuestro Rey! ¿Qué significa esto? Significa que el alma es superior al cuerpo; que la integridad moral es más preciosa que tener muchos conocimientos.

Que la fe religiosa vale más que mi carrera o mi quehacer profesional.

Que la santa Misa tiene un valor infinito, que no se puede comparar con una película.

Que un rato de oración vale mucho más que una fiesta mundana...

Todo esto significa la realeza de Cristo.

Si Cristo es mi Rey, no puede ser mi ídolo la moda. Donde reina Cristo no hay sitio para la frivolidad. El que tiene por Rey a Cristo, no puede vestirse, bailar o divertirse con tanta superficialidad y ligereza...

Muchas mujeres ingenuamente no se percatan de que el paganismo intenta abrirse camino de nuevo a través de la moda: a través de los vestidos indecentes, a través de los bailes obscenos, a través del veneno que difunden ciertas películas, a través de lujo exorbitante..., todo esto es paganismo.

Si Cristo es mi Rey, no puedo desterrarle de la vida pública, que es justamente lo que pretende el *laicismo:* expulsar el cristianismo del mayor número de lugares posible, arrancarle a Cristo más y más fieles.

Si Cristo es mi Rey, no puedo dar culto al dinero o a los placeres. Porque el espíritu está por encima de la materia, porque mi alma está llamada a vivir la vida de Dios. Pero nos olvidamos de Cristo, y no tenemos tiempo para alimentar nuestro espíritu.

Y por no poner nuestro corazón en Cristo, acabamos poniéndolo en las religiones exotéricas orientales, y abdicamos de la fe católica. Pero estas religiones no tienen nada nuevo que decirnos, y están llenas de muchos errores.

He aquí, pues, la razón por que se rechaza la realeza de Cristo... No aceptamos a Cristo-Rey, porque condena nuestro modo pagano de vivir.

Según una leyenda cuando el Niño Jesús se encaminaba hacia Egipto, huyendo de Herodes, a su paso se iban desplomando todas las estatuas de los ídolos que se cruzaban por el camino... Es lo mismo que nos tendría que suceder hoy: ¡Ante Cristo deben desplomarse todos los ídolos! Ante Jesucristo humilde, debe caer mi orgullo altanero. Ante Jesucristo pobre, debe desaparecer mi jactancia presuntuosa y mis ansías de placeres. Y cuando acatemos a

Cristo como Rey, entonces —sólo entonces— se curará la sociedad humana de sus innumerables males.

¡Ven, oh Cristo Rey, porque ya no podemos más!

Tú eres nuestro Sol, el que nos da la vida, el que nos da la luz y el calor.

CAPÍTULO III

LOS DERECHOS DE CRISTO A LA REALEZA

¿Qué entendemos por «Realeza de Cristo»? ¿Cuáles son los derechos de Cristo a la realeza?

Pensemos que la festividad de Cristo-Rey pone de manifiesto una gran verdad: Cristo seguiría siendo nuestro Rey, aunque nunca lo hubiese dicho, porque tiene verdaderamente derecho a la realeza.

Cristo es nuestro Rey, porque es nuestro Redentor y nuestro Dios.

Como Redentor, compró sus derechos sobre nosotros a muy alto precio. «Fuisteis rescatados..., no con algo caduco, oro o plata..., sino con la sangre preciosa de Cristo, como de un cordero inmaculado y sin tacha» (I Pedro 1,18-19). Nuestro Señor Jesucristo nos compró «a gran precio» (I Cor 6,20), de suerte que nuestros cuerpos han llegado a ser miembros de Cristo (I Cor 6,15).

Cristo es nuestro Dios. Y Dios es «el único Soberano, el Rey de los reyes y Señor de los señores» (I Tim 6,15). Dios tiene derechos sobre nosotros. Y fijaos: la promulgación de los derechos de Dios es la primera proeza que hizo Nuestro Señor Jesucristo al bajar a este mundo, al hacer que los coros angélicos proclamasen la gloria de Dios en la noche de su nacimiento.

La primera revolución que se hizo en el mundo, llevada a cabo por Adán y Eva en el Paraíso e inspirada por Satanás, no fue otra cosa que la proclamación de los derechos del hombre contra los de Dios. Los mismos fines han perseguido muchas otras revoluciones, como la Revolución francesa.

Por esto, la Redención comenzó haciendo todo lo contrario, promulgando por encima de todo los derechos de Dios.

Dios es mi Señor, mi Soberano absoluto. Pero no sólo sobre mí ejerce su derecho de soberanía. Es también Señor de la familia, de la escuela, de los organismos públicos, de los medios de comunicación social, de los sitios de diversión, en definitiva: ¡Señor de toda la sociedad! Aceptar de nuevo este hecho, haced que lo vivan las almas, tal es el significado sublime de la nueva festividad de Cristo-Rey. Para esto se instituyó, para que los cristianos pongan de manifiesto que Dios tiene derechos sobre el hombre, y el hombre tiene obligaciones para con Dios: Si Cristo es nuestro Dios, por tanto, es nuestro Rey.

Además, la realeza de Cristo está en concordancia con el espíritu del Evangelio, tal como lo ponen de manifiesto muchas citas de la Sagrada Escritura.

En el Salmo 2º ya se anuncia que Cristo es consagrado «por el Señor rey sobre Sión, su santo monte», y recibe «las naciones en herencia y su dominio se extiende hasta los extremos de la tierra».

JEREMÍAS dice Cristo «reinará como Rey, y será sabio, y gobernará la tierra con rectitud y justicia» (Jer 13,5).

En el prólogo del Evangelio de San Juan se dice: «En el principio era el Verbo..., sin Él no se ha hecho cosa alguna de cuantas han sido hechas» (Jn 1,1.3).

En la Anunciación, el Ángel Gabriel dice a la Virgen María: «Será grande y será llamado Hijo del Altísimo, al cual el Señor Dios dará el trono de su padre David y reinará en la casa de Jacob eternamente. Y su reino no tendrá fin» (Jn 32-33).

Y recordemos sobre todo el diálogo entre Pilato y Nuestro Señor Jesucristo: «¿Luego Tú eres Rey?», pregunta el procurador romano. Y el Señor le contesta con dignidad real: «Rex sum ego!»

«¡Yo soy Rey!» (Jn 18,37).

Es verdad que antes había dicho: «Mi reino no es de este mundo. Si mi Reino fuese de este mundo, mi gente habría combatido para que no fuese entregado a los judíos: pero mi Reino no es de aquí» (Jn 18,36).

¿Qué es lo que Jesucristo quiere decir con tales palabras? Cristo es Rey, pero no adquiere sus derechos a fuerza de armas y dinamita; «envaina tu espada» (Mt 26,52), dijo a Pedro. Quiere ser Rey de nuestra alma, Rey que gobierna nuestra voluntad —Él es el «camino»—, nuestro entendimiento —Él es la «verdad» —y nuestros sentimientos— Él es la «vida»—. Sí: Cristo-Rey es «el soberano de los reyes de la tierra» (Apoc 1,5), quien «tiene escrito en su vestidura y en el muslo: Rey de los reyes y Señor de los señores» (Apoc 19,16). El Padre le constituyó «heredero universal de todas las cosas» (Heb 1,2), y por esto, Él «debe reinar hasta que ponga a todos los enemigos bajo sus pies» (I Cor 15,25).

Así vemos que la Sagrada Escritura pregona explícitamente la realeza de Cristo. Podríamos aducir aún otras citas, pero principalmente me llaman poderosamente la atención dos frases del Señor. Quiero insistir en ellas, porque doy por cosa cierta que han de ejercer una influencia profunda sobre todas las almas.

¿Cuál es la primera frase?

Una frase muy conocida, y muy repetida del Señor: «El cielo y la tierra pasarán, pero mis palabras no pasarán» (Mt 24,35; Mc 13,31).

¡Qué frase más impresionante!

Fijémonos en el contexto. Era de noche. El Maestro estaba sentado con sus discípulos en la ladera del monte de los Olivos... Frente a ellos, el monte Moriah, coronado por el templo de Jerusalén. Estaban descansando, después de una pesada jornada...

Uno de los discípulos apunta con orgullo al templo: Maestro, mira qué piedras y qué edificio más magnífico.

Y el Señor le responde: «¿Veis todo esto? Yo os aseguro no quedará aquí piedra sobre piedra que no sea derruida.»

Pedro y Santiago, Juan y Andrés le llevan aparte y le preguntan: «Maestro, ¿cuándo sucederá esto? Y ¿qué señal habrá de que todas estas cosas estén a punto de cumplirse?»...

Es la pregunta que esperaba el Salvador. Era una noche tranquila...; en torno del pastor estaba atenta la grey. Y el Señor empezó a hablarles. ¡Qué persecuciones habrán de sufrir por su fe! Pero de antemano les advierte que ellos no deben turbarse. Después les habla de la destrucción del templo de Jerusalén. Y finalmente y con mucha suavidad pasa a la catástrofe final, y saca la moraleja, por la cual había dicho todas estas cosas: Todo, todo lo que veis en el cielo y en la tierra perecerá: No hay más que una sola cosa que resiste triunfalmente a la destrucción de los siglos: *El cielo y la tierra pasarán, pero mis palabras no pasarán.*

No hay frase que exprese mejor la realeza de Cristo.

Más de veinte siglos han pasado desde pronunció tal profecía, y, una tras otra, se han cumplido sus palabras. Hubo varios de los Apóstoles que pudieron ver todavía la destrucción de Jerusalén. Pereció el imperio griego: el tiempo lo barrió. Pereció el colosal imperio romano, que, por decirlo así, contenía todo el mundo conocido. Lo mismo le pasó al Sacro Imperio romano, que se partió en trozos. Igual sucedió con el imperio de Napoleón, que abarcó prácticamente toda Europa. ¿Y al final?... Napoleón acabó desterrado en un islote...

Y sucedió lo mismo en los tiempos que precedieron a Jesús. Pacientes excavaciones han sacado a la superficie antiguas ruinas: las de Babilonia, Alejandría... Pueblos, naciones, individuos, nacieron, crecieron y pasaron por el escenario de la Historia... ¿Qué cosa nos dicen los antiguos imperios en ruinas? *El cielo y la tierra pasan: las palabras de Cristo-Rey no pasarán.*

¿Qué sucedería si el Señor apareciese hoy entre nosotros y nos llevara a un promontorio desde donde nos enseñase una de las ciudades más populosas del mundo? Hace una hermosa noche, y yo le digo con orgullo al Señor: «Mira, Señor, cuántos magníficos edificios..., el Parlamento, las iglesias, los bellos monumentos... Mira qué iluminados se ven... Mira los grandes estadios y centros de diversión, cómo se agita la muchedumbre...»

Y dice el Señor: «Todos estos hoteles, palacios, monumentos, museos, tan magníficos..., todo, todo perecerá; de todo esto no quedará más que el recuerdo..., aún más, ni siquiera el recuerdo se conservará.»

Y al oír tales palabras, exclamamos con sorpresa: «Señor, no puede ser. Tanto trabajo ha costado...»

Pero así ha pasado a lo largo de la historia. Hace quince o dieciséis siglos hubo una vida floreciente en África del Norte, allí mismo donde hoy no hay más que desierto de arena y alguna que otra ruina, en donde un día hubo un pueblo numeroso...

Pudiera suceder que dentro de unos siglos los pueblos de Asia invadieran Europa...; pero también ellos llevarían en sí mismos el germen del perecer. Porque todo lo que puede ver, oír, palpar el hombre, perecerá... *El cielo y la tierra pasarán...*

Pero, Señor, ¿también yo pereceré sin dejar rastro? Todo mi ser ansía vivir para siempre. ¿Tendré que perecer sin dar satisfacción a mis deseos de vida eterna? No. Es el Señor quien lo dice: «El cielo y la tierra pasarán; pero mis palabras no pasarán...» Y el que guarda las palabras del Señor vive eternamente. Y «El que guarde mi palabra, no verá la muerte jamás» (Jn 8:51b), es decir, vivirá eternamente.

¡Oh Cristo! Tú eres el Rey del tiempo y de la eternidad. Tus palabras me llenan de confianza y aliento. Cristo es el

Rey de la vida eterna, y yo quiero tratar por todos los medios de serle fiel.

Este es uno de los pensamientos que más me impresionan al meditar la realeza de Cristo.

Hay otra frase del Señor que también me cautiva enormemente. Una que me muestra en todo su esplendor los derechos de Cristo a la realeza. La frase es ésta: «Me ha sido dado todo el poder en el cielo y en la tierra...» (Mt 28,18), tal es así que ha podido llegar a decir: «Cuando Yo sea levantado en alto sobre la tierra, todo lo atraeré hacia Mí» (Jn 12,32).

¡Oh Señor! ¿Cómo has podido decir semejante cosa? Parece que no piensas según la prudencia humana. Ya que, humanamente hablando, ¿qué es lo que podías esperar? Tenías ante Ti la cruz, la plebe llena de odio, y sólo te seguían doce pescadores vulgares...

¿Y éstos son los que han de extender tu reino?

Veamos qué se hizo de la doctrina de Cristo. ¡Cómo fue realizándose, palabra por palabra, cuanto anunció Jesús! El grano que Jesucristo sembró creció sin parar: Samaria, Cilicia Capadocia, Frigia, Atenas, Roma, todos los pueblos acaban poniéndose al lado de Cristo. Después los pueblos bárbaros inclinan su dura cerviz bajo el yugo de Cristo... Siguen nuevos descubrimientos: marinos valerosos llevan la cruz a las orillas del Misisipi, a la región del Ganges, a los descendientes de los incas, a las tribus del Río de la Plata, a los dominios de China y del Japón, a las islas del mar del Norte, a las regiones del Polo Sur... Por todas partes se entona el mismo himno: «Te adoramos, ¡oh Cristo!, y te bendecimos...» Realmente, por toda la Tierra ondean los estandartes del Rey. Realmente, fue levantado en alto y nos atrajo hacia Sí.

¿Y si después de contemplar el pasado echamos una mirada a la situación actual? ¿Dónde hubo en la Historia universal un hombre, un soberano, que tuviera tantos vasallos como Cristo?

¿Un dominio tan extenso, que abarca países y continentes? ¿He de hacer mención de César, de Alejandro Magno, de Carlos V, de Napoleón? Pero los dominios de estos no son más que montoncitos de arena si los comparamos con los de Cristo. ¿He de recordar la marcha triunfal del gran Constantino? Pero no es más que un paseo de niño si la comparamos con las multitudinarias procesiones de los Congresos Eucarísticos Internacionales, en que desfilan unidos hijos de todas las naciones del orbe, chinos y americanos, esquimales, negros, húngaros, italianos, españoles, alemanes, franceses, ingleses, y todos nos postramos con la misma fe ante Cristo-Rey.

Y no olvidemos los grandes obstáculos que se oponían al triunfo de Cristo. ¡La exigente moral cristiana! Las enormes trabas que han puesto los judíos, paganos, turcos, incrédulos, socialistas, masones... Diplomacia y violencia, astucia y mañas, falsa ciencia y mala prensa... desde hace dos mil años hacen todo lo posible por vencer a Cristo. Amigo lector: dime un solo fundador de religión cuya doctrina haya librado tan duras batallas como la de Cristo.

No tiene más que doce Apóstoles, hombres sencillos. El Viernes Santo aun éstos se asustan y se turban... Pero llega Pentecostés y sus discípulos ya se cuentan por millares.

Herodes ejecuta a Santiago, los apóstoles tienen que salir huyendo de la persecución y, sin embargo, el Cristianismo comienza a extenderse. Contra él se lanza el perseguidor más enfurecido...; pero pronto Saulo se transforma en Pablo, que enseguida gana para Cristo todo el Asia Menor.

En Roma empiezan las persecuciones: la sangre de los cristianos se derrama por doquier..., y, al final, el Cristianismo llega a conquistar Roma y mediante ella se convierte toda Europa.

En Francia Voltaire da la orden: *Écrasez l'infâme!*: «¡Aplastad al infame!», refiriéndose al Cristianismo. Pero no lo consiguen; antes al contrario, el Cristianismo se propaga por el Nuevo Mundo y por los demás continentes... ¡Y cómo! No hay poder, astucia, fuerza capaz de cerrarle el paso. Es la marcha triunfal de Cristo-Rey. «Cuando Yo sea levantado en lo alto, todo lo atraeré a Mí.»

¡Todo lo atrae!

¡Y con qué fuerza! ¡Con qué amor somete los corazones! Ningún rey puede compararse con Él en la influencia sobre sus súbditos... Cristo ordenó: *«Id y enseñad a todas las naciones»*; su mandato se ha cumplido. También hoy resuena la palabra de Cristo. Resuena en los palacios, en los tugurios, en todos los sitios. El analfabeto y el sabio la escuchan. El pescador del pueblecillo noruego, el negociante holandés, el campesino de la gran llanura húngara, el minero inglés, el obrero de la industria alemana, el «fazendeiro» brasileño..., todos oyen y leen las palabras de Cristo. Leen, las escuchan... y se vuelven mejores, y llenan de sentido sus vidas. Realmente, vemos cumplidas las palabras del Salmista:

«Florecerá en sus días la justicia y la abundancia de paz... y dominará de un mar a otro, y desde el río hasta el extremo del orbe de la tierra» (Salmo 71,7-8).

* * *

En la noche del 31 del quinto mes del año 737 de la fundación de Roma, el emperador Augusto salió con un brillante cortejo de su palacio, y a la luz de las antorchas, atravesó las calles oscuras de Roma... y se dirigió hacia el campo de Marte.

En medio de continuas guerras y zozobras, esperaba el pueblo el alborear de una nueva época..., y he ahí que apareció en el cielo un nuevo cometa: era un signo de que llegaba una época mejor, y justamente en aquella noche debía solemnizarse su advenimiento. El emperador salió para ofrecer con tal motivo un sacrificio a los dioses.

La noche brilla por innumerables antorchas... Una muchedumbre festivamente engalanada se apiña en torno de los tres altares erigidos en honor de las diosas de la Suerte... Toda una turba de sacerdotes... Ondean las llamas, resuenan los clarines... De repente cesa todo ruido, llega el momento solemne: el emperador se levanta, se dirige al altar y ofrece su reino y su pueblo a la divinidad.

El pueblo gozoso retorna a sus casas: «¡Ha empezado una nueva época, una época mejor!»

Tenían razón. Pero no tal cómo se lo imaginaban.

No fue el cometa el que trajo una época mejor, sino un Niño que nació unos años más tarde a las afueras de Belén. Un pobre Niño, pero desde entonces los dioses paganos se desplomaron y el mundo mide los años por su nacimiento.

Desde entonces, en cualquier sitio que haya cristianos, se oye la oración confiada y solemne de la Iglesia: *Per Dominum nostrum Jesum Christum, Filium tuum, qui vivit et regnat per omnia saecula saeculorum...* Por Nuestro Señor Jesucristo, que vive y reina por los siglos de los siglos...

Sí, Cristo tiene derecho sobre nosotros, tiene derecho a la realeza. Y por este motivo, el día de Cristo-Rey no ha de ser tan sólo una festividad de la Iglesia, sino también de toda la nación, de toda la humanidad: «En ningún otro hay salvación; porque no hay otro nombre bajo el cielo, dado a los hombres, en que podamos ser salvos», leemos en los Hechos de los Apóstoles (4,12). Por eso el Santo Padre Pío XI añade con todo derecho: «Él es quien da la prosperidad y la felicidad verdaderas a los individuos y a las naciones: porque la felicidad de la nación no procede de distinta fuente que la felicidad de los ciudadanos, pues la nación no es otra cosa que el conjunto concorde de ciudadanos.»

Está comprobado. Sin Cristo nada podemos. Vamos a Él y con Él venceremos.

CAPÍTULO IV

CRISTO, REY DE LA PATRIA TERRENA

«Mi reino no es de este mundo», nos dice Jesús. Su reino es el Reino de los Cielos. Luego, Cristo es el Rey del Cielo, de la patria eterna. Además, este mundo que conocemos sabemos que se acabará un día, las estrellas se apagaran...

Si esta Tierra desaparecerá un día, lo más importante para nosotros es el cielo, la patria eterna. ¿Significa esto que no debamos amar nuestra patria terrena? No, por supuesto. No hay religión que enseñe tanto amar a la propia Patria como la católica. Porque los católicos tratan de imitar el ejemplo del Señor, y porque es un mandato expreso de la Sagrada Escritura.

El ejemplo del Señor: Estando contemplando un día Jesucristo la ciudad de Jerusalén, desde lo alto del monte de los Olivos, unos días antes de su Pasión, de repente no pudo contener su emoción y sus ojos se llenaron de lágrimas. Lloró por su patria y por su amado pueblo, por no haber correspondido a la invitación de Dios y por haberse alejado obstinadamente de Él. Y lloró también por lo que sabía que le iba a ocurrir a la ciudad dentro de unos pocos años: Jerusalén sería sitiada y destruida. Y con su llanto, nos muestra el gran amor que tenía a su patria.

El mandato expreso de la Sagrada Escritura. En primer lugar, la frase terminante de Jesucristo: «Dad al César lo que es del César, y a Dios lo que es de Dios» (Mt 22,21; Mc 12,17; Lc 20,25). Una cosa no está reñida con la otra, porque tal como nos dice el Apóstol San Pablo: «No hay potestad que no provenga de Dios» (Rom 13,1).

«Dad al César lo que es del César». El César significa el poder terreno, la potestad del Estado. El Señor nos obliga a dar al estado, a la patria terrena, lo que le corresponde.

¿Qué es lo que debemos darle?

El respeto que se merece, la contribución material y la obediencia en todos los asuntos en que tiene derecho a exigirnos.

«No hay potestad que no provenga de Dios.» Es decir: habéis de obedecer mientras el poder terreno no mande nada contra la ley de Dios. Así se comprende con cuánta razón escribía el Santo Padre en su encíclica, al instituir la festividad de Cristo-Rey: «Por tanto, si los hombres reconocen pública y privadamente la regia potestad de Cristo, necesariamente habrá de reportar a toda la sociedad civil increíbles beneficios, como justa libertad, tranquilidad y disciplina, paz y concordia. La regia dignidad de Nuestro Señor, así como hace sagrada en cierto modo la autoridad humana de los jefes y gobernantes del Estado, así también ennoblece los deberes y la obediencia de los súbditos.»

Y prosigue el Papa: «Y si los príncipes y gobernantes legítimamente elegidos se persuaden de que ellos imperan, más que por propio derecho, por mandato y representación de Jesucristo, a nadie se le ocultará cuán santa y sabiamente habrán de usar de su autoridad, y qué cuidado habrán de tener, al dar y ejecutar las leyes, con el bien común y con la dignidad humana de sus inferiores.»

Pero, ¿en qué consiste el verdadero amor a la patria?

¿Es tener apego a la casa en que nacimos? Sí, esto es amor a la patria, pero no basta.

¿Consistirá, tal vez, en amar a nuestro pueblo, a la nación a que pertenecemos, al país que consideramos nuestro? También esto es amor patrio, pero para un católico esto sólo no es suficiente.

¿Consistirá, tal vez, el patriotismo en luchar por los intereses de nuestra nación? También. Pero el amor patrio de un católico va todavía más lejos.

¿En qué consiste, pues el amor patrio para un católico?

En esforzarse y trabajar para mi patria progrese y se desarrolle lo más posible, material y espiritualmente.

Amor a la patria que no degenera en ciega idolatría de lo propio, ni busca aniquilar a otras naciones o dominar el resto del mundo. Amor a la patria, que, al estimar su propio pueblo, no aborrece a los pueblos extranjeros, porque sabe que todos somos hijos de un mismo Padre. Si el amor patrio es así, ¡ojalá fuera mayor el número de los que amasen su patria! Entonces no habría tantos inicuos tratados de paz...

No cabe duda, la religión católica enseña cómo se debe amar de verdad a la patria.

El amor a la patria no consiste tanto en redobles de tambor, flamear de banderas y gritos de «viva» hasta enronquecer, sino en ser capaz de sacrificarse en el cumplimiento monótono del trabajo bien hecho, para que progrese la patria.

¿Qué es lo que nos pide siempre la Iglesia a cada uno? Hombre, hermano, sé honrado, no manches tus manos y tu alma. Dime, pues, amigo lector: ¿no es esto amor patrio?

Hoy, cuando sistemáticamente se quiere demoler el fundamento de la sociedad, la familia, mediante el divorcio y el libertinaje sexual... ni el Estado, ni las instituciones más serias se sienten con fuerzas para detener tanto mal. Solamente el Catolicismo se atreve a gritar, consciente de su fuerza: ¡Hombres, hermanos, no os es lícito, Cristo lo prohíbe, no destrocéis vuestros hogares! Dime: ¿no es esto amor patrio?

Hoy, cuando el mundo frívolo desprecia la sublime misión de los padres en la transmisión de la vida, y las leyes civiles son incapaces de poner dique a los horrores del aborto y de la limitación de la natalidad, la Iglesia católica es la única que preserva el santuario de la familia de la profanación y del infanticidio: ¿no es esto amor patrio?

Hoy, cuando los jóvenes dejan corromper por el hedonismo de la sociedad…, y ni escuela, ni el Estado, ni muchas veces la misma autoridad paterna son incapaces de preservarlos de tanto mal, la religión católica es la única que grita con eficacia: Hijos, sois la esperanza de la patria, guardad la pureza de vuestras almas; ¿qué será de la patria si la lujuria os tiene esclavizados? Contestemos con la mano sobre el corazón: ¿no es esto amor patrio?

¿Y en tiempo de guerra? Cuando es preciso defender la patria atacada, ¿qué es lo que entonces da firmeza a los espíritus?

No seré yo quien conteste a esta pregunta.

Ahí va un ejemplo que sucedió el año 1914. Las tropas húngaras se hallaban estacionadas, hacía ya varias semanas, en las trincheras húmedas, inundadas, del frente servio. Caía la lluvia, tenaz, persistente… Es una de las mayores pruebas del campo de batalla. Permanecer durante semanas en los fosos, bajo una lluvia otoñal… Uno sacó el rosario… y a los pocos momentos todos los de la trinchera estaban rezando con él. De ahí sacaban su fuerza de resistencia nuestros soldados. Estos hombres amaban a su patria; dieron realmente al César lo que es del César.

Nunca olvidaré la gran fe de un soldado gravemente herido, cuando, después serle amputada una pierna, agonizaba en el hospital militar. «Padre —decía el pobre, gimiendo—, ¡ojalá hubiese ya muerto y estuviese viendo a la Virgen María!…»

En las palabras de este soldado herido se revela la fuente de la cual se alimenta el patriotismo.

¿En qué se funda el amor de los católicos a la patria?

Las palabras memorables del Señor no dicen tan sólo «dad al César lo que es del César», sino también: «y a Dios lo que es de Dios.» Es decir, si damos a la Patria lo que es suyo, lo hacemos porque nos lo pide Dios. El amor a Dios es lo que más nos empuja a amar nuestra patria terrena.

Con frecuencia oímos la siguiente falsedad: El catolicismo habla siempre del otro mundo; amonesta sin cesar, diciendo: «salva tu alma», y se despreocupa del mundo terreno.

Pero un católico no tiene uno sino dos deberes, uno para con su patria terrena, y al mismo tiempo, otro para con su alma, poner los medios para salvarla. Ha de dar al César lo que es del César, y a Dios lo que es de Dios.

De esta forma, el catolicismo es un gran valor patriótico, no sólo porque nos exige pagar los impuestos, sino porque nos exige, a la vez, ser honrados y buenos ciudadanos, por obedecer a Dios. Porque nos recuerda que si en el denario está la imagen del César:

«dad al César lo que es del César»; en nuestras almas está también grabada la imagen de Dios, que debemos respetar: «dad a Dios lo que es de Dios».

En el Antiguo Testamento, el sabio rey SALOMÓN cierra con estas palabras el libro del Eclesiastés: «Basta de palabras. Todo está dicho. Teme a Dios y guarda sus mandamientos, que eso es ser hombre cabal. Porque toda obra la emplazará Dios a juicio, también todo lo oculto, a ver si es bueno o malo» (12,13-14). No otra cosa enseña el Señor al decir: «Dad a Dios lo que es de Dios.» Las cosas vanas pasan; nada hay que pueda darnos una felicidad perfecta, a no ser la conciencia recta, la convicción de que el alma está en orden y que puede soportar con tranquilidad la mirada de Dios.

Toda la doctrina de Nuestro Señor Jesucristo está llena de este pensamiento: ¡Salva tu alma! Ni una sola de sus palabras, ni uno de sus actos, tuvo otra finalidad que inculcar este gran pensamiento en nuestros corazones: Tienes un alma sola, un alma eterna. Si la salvas para la eternidad, todo lo has salvado; pero si la pierdes, ¿de qué te servirá el haber ganado el mundo entero?

Dad a Dios lo que es de Dios. Suyo es todo lo que tenemos; todo, por tanto, se lo hemos de dar. Es conocido el símil del «Libro de la Vida», en que se escriben todas nuestras obras buenas para el día del juicio final. No es más que un símil, pero un símil profundo, que nos dice que entre cielos y tierra se lleva realmente una contabilidad secreta: Dios nos presta un capital (talentos corporales y espirituales), y un día nos exige la devolución del capital, pero acrecentado por los intereses.

¿En qué día? No depende dé mí.

¿Dónde he vivido? No importa.

¿Cuánto he vivido? Es indiferente.

¿He tenido que desempeñar un papel importante, o vivía como uno de tantos que pasan desapercibidos? No se tendrá en cuenta.

Lo único que importa es si he dado o no a Dios lo que es de Dios. Lo importante no es la cantidad ni la magnitud de las obras hechas en mi vida, sino la buena voluntad con que trabajo.

No es difícil deducir el inmenso caudal de fuerzas que para cumplir los pequeños deberes de la vida cotidiana brota de tales pensamientos. Y es de notar que el cumplimiento de tales deberes muchas veces resulta más difícil que un martirio repentino; la vida heroica y perseverante en medio de la miseria, de las pruebas, es más difícil que la muerte en las trincheras.

Sí, nuestra religión habla constantemente de la vida eterna, de otra patria; pero hay que conceder que, para inculcar el amor a la patria terrena, no hay pensamiento mejor que éste: Llegará la hora en que Dios exigirá la devolución de todo cuanto tengo, de todo lo que me dio; de mi propia persona y de mis familiares, amigos y conocidos.

Mi propia persona. Antes de nacer yo, Dios había ideado en su mente un bello proyecto para mí. Él me creó. El deber que me incumbe es pulir y hermosear día tras día en mi persona ese bello proyecto de Dios.

También me pedirá cuenta de las personas con las cuales traté.

No puedo pasar junto a mi prójimo sin hacerle ningún bien. Dios ha dispuesto que estén a su servicio a todos los hombres. Confió a los Apóstoles la fundación de su Iglesia; a los confesores, que diesen un ejemplo heroico a los demás de amor a Él; a los doctores, la lucha contra las falsas doctrinas. A San Francisco de Asís, el dar ejemplo de pobreza...

¿Y a mí?

Dios quiere de mí que sea luz para los viven a mi alrededor en la oscuridad; que ejercite la caridad para con mi prójimo, para los que me son más cercanos. Haciéndolo así, habré dado a Dios lo que es de Dios. Y llegará el día en que Dios me pregunte: ¿Has sido luz del mundo, sal de la tierra, bálsamo de las heridas?

Hagamos un pequeño examen de conciencia: ¡Dios mío! ¿Te he dado hasta el presente lo que es tuyo? Quizá mi vida se va acabando y no me doy cuenta. Cuando llegue la hora en que Dios me llame ante sí, ¿cómo me presentaré ante Él? ¿He dado a Dios todo lo que es de Dios? Repaso mi vida: ¡cuánto me esfuerzo, cuánto sufro, cuánto trabajo!... Y ¿por qué? ¡Cuánto me esfuerzo, sufro y trabajo para tener comodidades..., para gozar..., para acumular dinero! Pero ¿me he preocupado bastante de mi pobre, de mi única alma? He dado al estómago lo suyo, al cuerpo tampoco le he escatimado lo suyo, acaso le di bastante más de lo que tocaba...; pero ¿he dado a Dios lo que es de Dios? Tengo tiempo para todo: diversiones, amistades, fiestas; y para mi alma..., ¿no tengo siquiera una media hora al día?

Quizá he vivido así hasta hoy...

¿Cómo será en adelante?

* * *

Tal es el modo de pensar de la Iglesia en lo que hace al amor de la patria terrena. Aparentemente, no habla mucho del amor patrio; pero, si pensamos en profundidad, nos damos cuenta que religiosidad y patriotismo, amor a la Iglesia y amor a la patria, corazón católico y corazón patriota..., no son incompatibles. Aún más: nos vemos obligados a confesar que las mayores bendiciones para el Estado brotan de la religión católica...

No hay poder, ni institución, ni sociedad, ni otra religión cualquiera, que pueda ostentar tan nutrida lista de méritos en bien de la patria terrena como el Catolicismo.

Daniel O'Cónnell fue el mayor patriota irlandés y, a la vez, uno de los hijos más fervientes de la Iglesia católica. Y así escribió en su testamento:

«Dejo mi cuerpo a Irlanda, mi corazón a Roma, mi alma a Dios.»

Todos los católicos deberíamos estar dispuestos a hacer lo mismo: «Dejo mi cuerpo a mi patria, mi corazón a la santa Iglesia católica romana, mi alma a Dios.»

CAPITULO V

CRISTO, REY DE LA PATRIA ETERNA

Fijémonos ahora en el negocio más importante: el negocio de la vida eterna.

Podríamos dividir a los católicos en tres tipos. Hay católicos bautizados (católicos no propiamente cristianos, sino cristianizados), que, si bien son católicos según la partida de bautismo, llevan una vida para nada cristiana. Son las ramas secas en el árbol de la Iglesia. Hay católicos domingueros, que lo son únicamente los domingos, cuando van a misa, pero que el resto de la semana dejan de serlo, y apenas se les nota. Son los retoños enfermizos. Gracias a Dios, hay un tercer grupo: los católicos de todos los días, que no sólo van a la iglesia los domingos, sino que lo son todos los días de la semana, y tratan de hacer siempre la voluntad de Dios, hacen oración un rato todas las mañanas y se confiesan frecuentemente. Son los que se acuestan por la noche con este pensamiento: Señor mío, ¿hoy he vivido como debería?¿estás contento conmigo?

Pensemos que si no hay muchos apóstoles es porque son pocos los católicos de todos los días.

Pero, ¿a qué se debe que haya tan pocos católicos que vivan su fe cotidianamente todos los días? A qué no pensamos en la vida eterna, como lo han hecho los santos. A que no tenemos nuestra mirada puesta en Dios, en la vida eterna, el más allá. Cuando las pruebas nos abruman, no sabemos mirar al cielo como hizo el primer mártir de la Iglesia, San Esteban: «Fijando los ojos en el cielo, vio la gloria de Dios, y a Jesús, que estaba a la diestra de Dios» (Hechos 7,55).

Los santos han sido hombres como nosotros, han tenido que luchar y han encontrado los mismos o mayores obstáculos en su camino que los que hemos encontrado nosotros; los adversarios que les combatieron eran, poco más o menos, como los que nos atacan a nosotros; las mismas tentaciones y dificultades...

Pero ellos meditaban de continuo estas tres cuestiones:

¿Quién es Dios? ¿Cuál es el fin de esta vida terrena? Y ¿qué es la vida eterna? Pudiéramos decir que cuando sentían el peso de la vida, «fijaban los ojos en el cielo y veían la gloria de Dios, y a Jesús, que estaba a la diestra de Padre».

1. ¿Quién es Dios para mí? Muchos, aunque no lo confiesen abiertamente, piensan de esta manera: Dios es un ser excelso, majestuoso, soberano de todo, que está en el Cielo, en la lejanía, a quien se le rinde culto cada domingo... pero que no cuenta para nada en la vida diaria, en el trabajo, en el hogar, en la sociedad, en la política...

Pero los santos no pensaban de esta manera. Para ellos Dios no estaba lejos. Él está entre nosotros, en todas partes. A cualquier punto que me dirija, en Él «vivo, me muevo y existo». No puedo huir nunca de su presencia.

Nosotros, si nos abruman los obstáculos, las dificultades, nos desesperamos y decimos: «Dios mío, ¿es qué me merezco todo esto?, ¿por qué me castigas?» De esta forma, fácilmente se nos enfría el amor a Dios. ¿Y los santos? Los santos veían en todo la voluntad del Señor.

Nosotros nos rebelamos cuando nos hiere la enfermedad o la desgracia. ¿Qué hicieron los santos en semejantes circunstancias? Besaban la mano del que les castigaba: «Padre, castígame; heme aquí, heme aquí, castígame, ponme entre llamas, con tal que uses misericordia conmigo en la eternidad» (San Agustín).

Nosotros nos quejamos: «¡Cuántas molestias me causa este enfermo! ¡Qué insoportable es este hombre!» ¿Y los santos? Ellos se decían: «Este hombre es hermano de Cristo, y lo que yo haga por él, lo hago por Cristo». Y algunos hasta llegaron a besar las llagas de los enfermos, para vencerse a sí mismos.

¡Cuánto distamos de los santos en nuestra manera de pensar en Dios!

2. ¿Cuál es el fin de esta vida terrena? ¿Qué significa esta vida para mí? Para algunos esta vida no es otra cosa que una búsqueda de placeres pecaminosos. Para otros, una suma de años sin más, que se pasan la mitad soñando nostálgicamente: «¡Qué bien estaba yo antes!», y la otra mitad con temor: «¿Qué será de mí en el porvenir?» Hay quienes consideran esta vida como un penar continuo cuyo único objetivo de conseguir un poco de comodidad; esto y nada más. Como aquel enfermo anciano, a quien el médico aconsejaba una cura muy costosa, y que se le quejaba diciendo: «Vea usted, doctor, qué raro es el hombre. En su juventud da la salud por el dinero; y cuando envejece, da el dinero por la salud.»

Lo cierto es que nunca estamos satisfechos. Siempre pensamos que los demás tienen mejor suerte que yo. Nos comportamos aquel picapedrero chino.

Un día en que desbarataba la piedra con tedio, cavilando sobre la monotonía de su vida, aconteció que pasó cerca de él, el emperador, acompañado de un brillante cortejo. Iba encaramado sobre un enorme elefante, bajo un dosel de oro; en su corona brillaban abundantes diamantes; un magnífico ejército de ministros, soldados y cortesanos le acompañaban. El picapedrero admirado se dijo para sí: ¡Oh!, ¡si yo pudiera ser emperador!

Y en el mismo instante se transformó en emperador. Ahora era él quien estaba sentado bajo dosel de oro; era señor de millones de hombres, y a un gesto suyo se inclinaban hasta el suelo los ministros y los jefes del ejército. Pero el sol despedía ese día demasiado calor, y el emperador no paraba de enjugarse la frente. Al final se puso de mal humor, porque veía que el sol era más poderoso que él. Y exclamó con enfado:

— ¡Quiero ser el sol!

En el mismo instante se transformó en sol. Estaba a sus anchas brillando en la bóveda celeste, y despedía tanto calor, que los hombres y los animales de la tierra caminaban jadeantes..., la hierba se secaba y la tierra se resquebrajaba. Y esto le divertía mucho. Pero de repente se interpuso una densa nube negruzca delante de él. El sol trataba de irradiar más calor, pero en vano: los rayos no lograban atravesar la densa nube. Saltó de ira y exclamó:

— ¡Quiero ser nube!

Y fue transformado en nube. Con desenfrenada furia hacía caer la lluvia sobre la tierra; los arroyuelos y los ríos, repletos de agua, se salían de su cauce, la corriente arrastraba las casas, los hombres se ahogaban, pero... un gigantesco peñasco se mantenía inamovible en su puesto. La nube exclamó llena de ira:

— Pero ¿qué es esto? Este peñasco, ¿se atreve a retarme?

¡Quiero ser peñasco!

Y en peñasco se convirtió. Ya estaba satisfecho. Con orgullo se erguía en su puesto y no le dañaba ni el ardor del sol, ni la lluvia de la nube. Pero un día llegó un hombre y clavó un puntiagudo pico en él.

— ¡Ay!, ¿qué es esto?—gritó el peñasco—. Este cantero ¿es más poderoso que yo? ¡Quiero ser picapedrero!

Y en aquel momento volvió a ser de nuevo picapedrero. Y vivió en adelante contento con su suerte.

También a nosotros nos pasa lo mismo: nos pasamos la vida en continua desazón. No es así como pensaban los santos.

Para ellos la vida era cumplir día a día la voluntad de Dios. Para ellos su alma era una blanca vestidura que tenían que conservar inmaculada hasta el día de su muerte, tal como se las había entregado su Padre celestial. Para ellos la vida era un atesorar riquezas de valor eterno, no trastos inútiles que se oxidan o apolillan. Ellos no vivían recordando el pasado ni temiendo el porvenir. Para ellos no había más que una cosa importante: hoy, en este momento, ¿cuál es la voluntad de Dios? ¿cómo puedo acumular tesoros para la vida eterna?

¡Sí, para la vida eterna! Y con esto llegamos a la tercera cuestión, sumamente importante, decisiva, de la que depende todo:

3. ¿Qué es para mí la vida eterna? ¿Cómo la valoro? ¿Pienso constantemente en el cielo?

Ya sabemos cómo vivían y morían los Apóstoles, con la mirada puesta en la vida eterna. Cuando Pedro estaba clavado en la cruz con la cabeza hacia abajo, ¿qué es lo que le daba fuerza? Cuando Andrés abrazaba con amor la cruz antes de morir, ¿qué es lo que le animaba? Cuando Pablo inclinó su cabeza bajo el hacha del verdugo, ¿qué es lo que le daba ánimos y valentía? La vida eterna. Veían los cielos abiertos, y contemplaban a Cristo Rey, a la diestra del Padre.

Es lo mismo que han hecho los mártires, mientras les despedazaban las fieras.

También los santos han vivido pensando frecuentemente en la vida eterna. Los sufrimientos que han padecido no son nada comparados con la felicidad que ahora gozan.

Aquí, lágrimas, sudores, luchas...; allí, perlas preciosas de la corona celestial. Ante tal perspectiva —pensaban— bien vale la pena de sufrir.

¿Creo realmente en el cielo?

Cada vez que recitamos el Credo lo confesamos de palabra:

«Creo en la vida eterna.» Pero ¿cómo lo confesamos también con la vida..., con una vida consecuente? ¿No somos de aquellos que dicen: «acaso, puede ser..., quién sabe, puede ser que haya algo después de la muerte»?... ¿Soy cómo aquel soldado si fe que en medio de la batalla rezaba de esta manera: «¡Dios mío (si es que existes), salva mi alma (si es que hay alma), para que no me condene (si es que hay condenación), y así alcance la vida eterna (si es que hay vida más allá de la muerte).» ¿Mi fe es más robusta que esta raquítica fe? ¿Creo resueltamente que hay vida eterna, que viviré eternamente?

Alguien objetará, tal vez, que en la tumba todo se pudre, todo se convierte en polvo..., y, por tanto, ¿cómo puede brotar allí la vida? Podría decir lo mismo el grano de trigo sembrado en otoño: En torno mío todo es podredumbre, fango, hielo..., ¿cómo podrá surgir la vida aquí? Y, sin embargo, surgirá. ¡Qué vigoroso germinar brotará allí mismo en la primavera!

Quizá se me diga: ¡Está todo tan inmóvil en la tumba! ¿Cómo puede brotar allí vida? Lo mismo podría decir el gusano cuando se encierra en el capullo y está como muerto en su ataúd durante semanas. Y, sin embargo, ¡qué mariposa de irisados colores sale de la crisálida, al parecer, muerta!

Junto a mí todo cae, todo perece... ¿Puedo afirmar, no obstante, ¡hay vida eterna!?

Entierran a mi padre, muere mi esposa...; ¿sé decir, a pesar de todo: ¡hay vida eterna!?

Me cerca el pecado, casi caigo en sus lazos...; ¿sé animarme a mí mismo para resistir confesando que hay vida eterna?

Las desgracias casi me aplastan...; ¿sé consolarme con esta fe: ¡hay vida eterna!?

Si no hay «más allá»..., entonces está loco este mundo; de nada sirve ser honrado; se abre ancho campo al engaño y al latrocinio; lo que importa es disfrutar lo mas que se pueda de esta vida.

Pero ¿qué digo? Si no hay vida eterna, entonces, Dios es cruel, entonces no hay Dios; porque no es posible que nos haya creado para esta miserable vida, únicamente para esta vida terrena.

No de otra manera pensaba San Pablo, cuando dijo: «¿De qué me sirve haber combatido en Éfeso contra bestias feroces, si no resucitan los muertos? En este caso, no pensemos más que en comer y beber, puesto que mañana moriremos» (Cf. I Cor 15,32).

Recordemos otra vez la lección que nos dan los santos. Para ellos, la vida eterna era la verdadera vida, y esta vida de abajo no era más que una sombra.

Para ellos, la vida eterna era el gran libro, y esta vida de acá no era más que el prólogo, la introducción del libro.

Para ellos, la vida eterna era la patria verdadera, y esta vida de la tierra no era más que un «valle de lágrimas».

Y, con todo, sabían alegrarse cuando el día era soleado. Sabían disfrutar del trino de los pájaros. Y también luchaban y cumplían con su deber. Para cumplirlo tan heroicamente como lo hacían, sacaban fuerzas del pensamiento de la vida eterna. Vivían con la nostalgia del cielo.

Nosotros, los católicos, añoramos la patria verdadera, pero no por ello odiamos este mundo. Esta nostalgia nos impulsa a ser valientes. Esta nostalgia nos hace olvidar las penas. Esta nostalgia nos mueve a hacer oración cuando la desgracia o la angustia nos oprimen. Así podemos sonreírnos en los días más oscuros; sabemos que todas nuestras desgracias las ordena Dios para nuestro bien.

Cuando el cielo está nublado y oscuro, sé que por encima de las nubes brilla el sol. Por encima de las desgracias de esta vida, está la vida eterna.

4. Hay un pensamiento que me puede ayudar en gran manera: *¿Qué será de mí dentro de noventa años?* Estaré en casa. ¿En casa? No aquí, por cierto, no en tal ciudad o pueblo, sino en mi verdadera casa, en el cielo, en la patria eterna. Quiera Dios que en la otra vida yo esté en el cielo gozando con Dios; entonces recordaré a manera de sueño toda mi vida. Por muy difícil que haya sido, o por mucho que haya rebosado de alegría..., ya no será más que un sueño. ¡Oh!, ¡cómo me acuerdo de tal o cual cosa!; me creía que nunca podría separarme de ella, y ahora... veo que era una fruslería. He sufrido mucho, he padecido, y ahora... veo que habría sido muy ventajoso padecer aún más por amor a Dios.

¡Qué diferente nos parecerá todo desde allá arriba! ¡Toda nuestra vida!

¿Qué has sido en la tierra? ¿Ministro? Pues ahora lo que te interesa no es el cargo que ocupaste, sino si fuiste honrado en él y cumpliste con tu deber.

¿Has sido profesor? Ahora lo que te llena de gozo no es el número de libros que has escrito, sino si has ennoblecido el alma del estudiante que te fue confiado.

¿Qué has sido? ¿Empresario? Ya no te enorgulleces de las empresas que dirigiste, sino de haber sido fiel a Dios haciendo su Voluntad y no haciendo negocios sucios.

¿Qué has sido? ¿Madre de familia? Lo que te consuela no es el prestigio social que alcanzaste en la sociedad, sino el haber enseñado a rezar a tus hijos, por la mañana y por la noche.

Y dirás con sorpresa: ¡Dios mío! ¡Qué berrinches me llevé por tan pocas cosas! Y también: ¿Por qué me callé cuando podía haber cortado esa conversación inmoral? ¡Cuántas almas habría podido salvar! ¿Por qué fui cobarde? ¿Por qué di libre curso a mis malos deseos? ¿Por qué no me negué nunca nada? ¿Cómo pude dar crédito a tantas palabras vacías y frívolas?

Y hay un dato que no se puede descuidar. Todo arrepentimiento entonces será tardío.

Ahora no es tarde todavía. Es tiempo a propósito para que podamos aprender la gran sabiduría: Hemos de orientar hacia la vida eterna toda nuestra vida, todos nuestros actos.

Todos pasamos abundantes sufrimientos y pruebas. No los desperdiciemos inútilmente. La vida es muchas veces, para todos, un martirio. Que nuestros sufrimientos nos sirvan para alcanzar la corona eterna. Sólo así seremos vencedores, y no vencidos. Sólo así llegaremos a casa, a nuestra casa celestial, donde nos espera nuestro Padre, y Jesucristo Rey.

Hemos de ser columnas, rocas y no arena, tierra movediza. Solamente así resistiremos en este mundo tan corrompido moralmente. La columna no vacila. La roca no tambalea ante el torrente impetuoso del pecado. ¿Sufro por ello? Es posible. ¿Lucho por mantenerme así? Es posible. ¿Caigo? ¡No, no he de caer!

Cristo es el Rey de la vida eterna, y yo quiero heredarla. Dios me ha creado para la vida eterna y allí me espera... con tal que persevere junto a Él. He de trabajar durante el día, mientras haya luz, antes de que se ponga el sol, antes de que me sobrevenga la muerte.

II

En un cuento ruso se narra que un campesino vivía feliz en su lejano país; no era rico, pero tenía lo necesario para vivir satisfecho... Hasta que un día llegó a parar en sus manos un periódico maldito. En aquel diario leyó la noticia de que en la tierra de la tribu baskir quedaban aún grandes territorios desocupados y que allí regía la costumbre de que, si alguien a las primeras horas de la madrugada depositaba una gorra llena de rublos de oro a los pies del jefe de los baskires, podría hacerse dueño de todos los territorios que pudiera haber rodeado en un día, con una única condición: tendría que haber vuelto al mismo sitio de donde partió antes de la puesta del sol.

Ante semejante oferta, nuestro hombre, impresionado, no lo dudó. Vendió todo su haber y logró reunir justamente el montón de oro que se necesitaba para llenar la gorra. Después de larga peregrinación, llegó a la tierra de los baskires.

El jefe ratificó la promesa, y hasta dio buenos avisos al labriego: «Antes de ponerse el sol has de estar de nuevo aquí, en esta colina desde la cual emprendes ahora el camino. Porque si vienes un minuto más tarde... habrás perdido el oro y la tierra.»

A la madrugada, con el trino de los pájaros, el aldeano emprendió su camino con gran alegría. ¡Qué hermoso estaba el campo! Toda esta tierra será mía. Este pensamiento le llenaba de satisfacción. Aquí se mecerán mis mieses...; allá, un pequeño bosque..., ¡magnífico!..., también le daré la vuelta. Más allá el pasto...; también lo cerco, ha de ser mío también.

Caminaba..., caminaba el hombre... Era ya mediodía. No estaría mal volver. Pero no. Allá, más lejos, hay una porción de tierra también magnífica...; no, no la puedo dejar..., ya iré más aprisa al volver.

Pero aquella porción de tierra era más grande de lo que él había creído. No importa: ya correré al volver.

Por fin, llegó a darle la vuelta, y emprendió el camino de regreso.

El sol iba declinando rápidamente.

«No estará mal ir un poco más aprisa. El jefe y los hombres parece que le hacen señas. Pero ¡cuán lejos están todavía! Claro está, ahora tiene que ir cuesta arriba. Antes iba bajando, ¡y es tan fácil bajar una pendiente!, ¡y tan difícil subir una cuesta! Extiende sus brazos, empieza a correr cuesta arriba. Pero el sol cae también rápidamente. ¡Oh, si llegase a tiempo!» Desde arriba le hacen señas, ya oye las voces. Empieza a sentir que el corazón le palpita con fuerza; y no parece sino que le están cortando con agudo cuchillo los pulmones. Él corre, corre sin tregua: «¡Ay, quizá todo se ha perdido!» La cara encendida del sol ya le mira desde el extremo del horizonte. Los ojos del campesino se nublan, y en su mente de repente emerge un pensamiento espantoso: «¡Tierra, dinero, trabajo, vida, todo, todo se ha perdido! ¡Todo fue en vano!» Recoge lo que le queda de fuerzas: se agarra a la hierba, tambalea, cae, se levanta. No se ve más que un pequeño trocito del sol: sus últimos rayos caen justamente sobre el oro que brilla en la gorra... Brilla el oro..., no, no ha de perderse..., no faltan más que veinte metros..., aún diez..., cinco más... Y entonces, entonces se oculta el sol, el campesino vacila y se desploma, la sangre inunda sus ojos, algunas convulsiones más..., y muere.

El jefe echa un azadón a uno de sus siervos: «Cava un foso de dos metros de largo y un metro de profundidad. Basta esta tierra para un hombre.»

¡Tan poca tierra basta para un hombre!

¡Y nosotros corremos! ¡Y nos damos empellones! ¡Y sufrimos!

¡Y nos quebrantamos! Y el sol va poniéndose..., baja, baja, baja...

No lo olvidemos, pues: antes de ponerse el sol, hemos de llegar al lugar de donde salimos, al principio de nuestra vida..., hemos de llegar... a casa..., a la casa de nuestro Padre celestial.

CAPÍTULO VI

CRISTO, REY DE LA IGLESIA

¡Iglesia católica! El mundo ha visto muchas cosas sublimes..., pero ninguna tan sublime como ésta. Vio a los faraones edificar pirámides; vio a Ciro fundar su gran imperio; vio a Alejandro Magno pasar triunfalmente por Asia; vio al Imperio Romano conquistar todo el mundo conocido; vio a Carlomagno asentar los cimientos del reino de los francos; vio a los ejércitos de los cruzados reconquistar Tierra Santa; vio los inventos magníficos de la época presente...; pero una institución tan sublime como la Iglesia católica no la ha habido jamás.

¡Iglesia católica! ¡Cuánto hablan de ti... los que la atacan! Pues también nosotros hemos de hablar de ti una vez siquiera.

¡Iglesia católica! Según la partida de bautismo, son numerosos tus hijos; pero no son ya tantos los que sienten orgullosos de llamarse católicos. ¡Iglesia católica! ¡Cuántos reproches has de aguantar de parte de los extraños y de tus propios hijos!

Sin embargo, esta Iglesia católica, tan calumniada y perseguida, es el don más valioso que nos ha hecho Nuestro Señor Jesucristo.

I

¿QUÉ ES LA IGLESIA?

El Catecismo responde a la pregunta de esta manera: «La congregación de los fieles cristianos, cuya cabeza es Jesucristo, y el Papa su Vicario en la tierra.»

¿Qué fin perseguía el Señor al confiar la enseñanza de su doctrina a una institución tan singular?

Nuestro Señor Jesucristo no iba a quedarse en la tierra... Él enseñó cómo hemos de amar a Dios; pero conocía bien la naturaleza humana; sabía con qué rapidez, con qué facilidad olvidamos y tergiversamos la doctrina verdadera. Quiso, por tanto, que hubiese alguien que no se engañase, que salvaguardara su doctrina, que se atreviera a levantar su voz y pusiera veto a las falsas doctrinas...; por esto fundó su Iglesia.

Desde hace más de dos mil años la Iglesia católica pregona la doctrina de Cristo. ¡Cuántas cosas han ocurrido desde entonces!...

¡Cuántos pueblos, cuántas dinastías han perecido! Pero La Iglesia permanece en pie, y así ha de permanecer hasta el fin del mundo.

Pues, bien, yo soy miembro de esta Iglesia. Hay quienes se jactan de un árbol genealógico que se remonta a varios siglos... ¿Y yo? Yo tengo un árbol genealógico que remonta a dos mil años. Amo a la Iglesia. Me enorgullezco de ella.

Pero ¿de dónde viene mi santo orgullo de ser católico?

II

¿POR QUÉ AMO A LA IGLESIA?

Aun desde el punto de vista meramente humano, tenemos motivos sobrados para sentirnos orgullosos de la Iglesia católica.

¿Dónde, por ejemplo, encontramos una institución que haya legado a la humanidad tantos valiosos tesoros culturales como la Iglesia católica?

Ella logró, en un lapso de mil años escasos, plantar en medio de los pueblos no civilizados una espléndida cultura artística, científica y económica. Ella salvó para la posteridad los valores de la antigua cultura, que iba a perecer en la época de la gran inmigración de los pueblos bárbaros. Y la educación espiritual y artística que ejerció durante largos siglos no pudo por menos que florecer dando lugar a la espléndida cultura del Renacimiento.

Sólo quien conozca como vivían los pueblos bárbaros podrá darse cuenta debidamente de la importancia del trabajo cultural de la Iglesia. Fue un trabajo sobrehumano el que hicieron los monjes en Europa enseñando a arar y cultivar la tierra, conservando y difundiendo la cultura, creando núcleos de población, origen después de importantes ciudades. De ahí que a la cultura europea se le llame sencillamente «cultura cristiana».

Y ¿qué diremos de la labor de la Iglesia en el campo espiritual?

Bien sabemos que el hombre es un compuesto de cuerpo y alma, con una parte corporal y otra espiritual. La vida corporal la recibe de sus padres; la vida espiritual, la de la gracia, se la debe a la Iglesia, su Madre. Ella tiene por Esposo a Jesucristo, y de Él recibió él encargo de hacer crecer la vida de la gracia en las almas, para que lleguen a ser en verdad hijos de Dios.

No teníamos más que unos pocos días, cuando nuestra buena Madre, presurosa y solícita por la suerte de nuestra alma, se acercó a nosotros y mediante el sacramento del Bautismo restituyó en nuestra alma la vida de la gracia, perdida por el pecado original, haciéndonos hijos de Dios, hermanos de Jesucristo, por los méritos de su Redención.

Mas esta cuidadosa Madre no quiso abandonarnos después del bautismo, porque bien sabe que esta vida de gracia, cuya semilla depositó en nosotros, ha de crecer año tras año. Ella nos acompaña hasta la hora de nuestra muerte. Ella nos robustece (Palabra de Dios), alimenta (Eucaristía) y defiende (sana doctrina), y si por desgracia caemos en pecado mortal, nos vuelve a dar la vida de la gracia mediante el sacramento de la confesión. ¿Quién es capaz de cuantificar los innumerables cuidados que despliega la Iglesia a lo largo de nuestra vida para que vivamos la vida de Cristo, para que alcancemos la vida eterna?

Con esto ya podemos ver cuál es el motivo más poderoso de nuestro amor a la Iglesia. Hemos de amarla, ciertamente, porque cuida la vida de nuestra alma, pero sobre todo *porque Cristo vive en ella*. Cristo es el Esposo, y la Iglesia es su Esposa. No son éstas meras expresiones poéticas, sino que encierran una verdad básica del Cristianismo: no se puede hablar de Cristo sin no se piensa en la Iglesia. Si Cristo es el Rey, la Iglesia es la Reina.

La vida de la Iglesia es Cristo. Lo que hace la Iglesia, es Cristo quien lo hace. Bautiza la Iglesia: es Cristo quien bautiza. Confirma la Iglesia: es Cristo quien confirma. Sacrifica la Iglesia: es Cristo quien sacrifica. Absuelve..., bendice..., ora la Iglesia: es Cristo quien absuelve, bendice y ora. Sí: la Iglesia es la continuación de la vida de Cristo.

El sacerdote, el obispo, el Papa, no son sino ministros, vicarios de Cristo.

Cristo es el centro de la Iglesia. Por eso las iglesias católicas se construyen en orden al altar; el altar representa a Cristo, sacerdote y víctima.

La Iglesia católica es el mismo Cristo, que continúa viviendo entre nosotros. ¿Nos damos cuenta de lo que esto significa? La Iglesia no es una filosofía, por muy espléndida que sea; ni una moral encomiable. La Iglesia católica es el Cristo que permanece entre nosotros.

Cristo vive entre nosotros en el sagrario. ¿Qué hace allí el Señor? Él sigue obrando, haciendo el bien: «Mi Padre hoy, como siempre, obra incesantemente, y Yo hago lo mismo» (Juan 5,17).

En la Iglesia vive el Amor divino, la Sabiduría eterna, el Dios Omnipotente, la Providencia divina...; allí habita el Rey.

Pero necesitamos los ojos de la fe para darnos cuenta. ¿Piensas en Él, por ejemplo, al pasar por delante de una iglesia? Aún más: ¿Te sientes movido a entrar para saludarle?

¿Acudes con frecuencia al sagrario? ¿Participas de la santa misa? Dime con qué fuerza te sientes atraído hacia el sagrario..., y yo te diré si eres o no católico. Sí; este contacto vivo y amoroso del alma con Cristo, esto es la religión católica, esto es la Iglesia. ¿Cómo puedo decir que amo a Cristo si nunca pienso en Él? Pienso en los negocios, en otros asuntos, en los deportes, en diversiones...; ¿cuándo pienso en Cristo?

Mide tu grado de fe y de amor. Si te sientes atraído menos por el sagrario que por otras cosas..., estás enfermo del corazón. Y la mayoría de los cristianos de hoy padecen precisamente esta enfermedad. Todo les interesa, todo les atrae, todo les gusta...; pero ¿quién ama a Cristo?

Yo quiero amarle..., yo quiero amar a la Iglesia. Y, mediante ella, amar a Cristo.

III

¿EN QUÉ CONCEPTO HE DE TENER A LA IGLESIA?

A la luz de los principios expuestos, encontrarán solución todas las dificultades que puedan presentarse:

1. Páginas oscuras de la historia de la Iglesia. Todo tiene principio en esta tierra: todo nace, crece y muere. De niño se pasa a joven, hombre maduro, anciano, y al final se muere... Hasta los imperios más poderosos tuvieron su niñez; su crecimiento, su edad de oro, su apogeo, después vino la decadencia, la postración y el acabamiento.

La Iglesia católica, por tener un componente humano, también experimenta de algún modo en su historia épocas de prosperidad y otras de decadencia, pero siempre permanece y no muere. Aún más, ha habido tiempos en que la Iglesia católica, en que humanamente hablando, parecía condenada a desaparecer:

«¡Ahora, ahora!... —gritaban con entusiasmo sus enemigos—, está agonizando, está claro que llegó su final».

Pero ahora viene lo admirable: precisamente cuando peor estaba, la Iglesia adquiere nuevos bríos, y de una manera incom-prensible se consolida y rejuvenece.

¿Cómo se entiende esto? ¿Qué misteriosa fuerza tiene la Iglesia para resistir a todas las leyes humanas y rejuvenecerse cuando estaba a punto de sucumbir? Del tronco envejecido, rebrotan nuevas ramas, una vida joven y pletórica como nunca Esta fuerza misteriosa demuestra claramente que la Iglesia católica no es mera institución humana, sino una institución divina que tiene la promesa de Nuestro Salvador: *«Estad ciertos que Yo estoy siempre con vosotros, hasta la consumación de los siglos»* (Mt 28,20). Para demostrar esto, no se necesita la fe; basta conocer la historia.

2. La convicción de la Iglesia católica de ser la verdadera. Es otro reproche con que se la ataca. La Iglesia es consciente de ser la verdadera, y por este motivo, por ejemplo, no permite que en los matrimonios mixtos sea educada una parte de los hijos en otra religión; no permite que, después de bendecir ella una bandera, otra religión la bendiga.

Y esto lo hace no porque sea intolerante, sino porque es una exigencia de la verdad. Dos afirmaciones contradictorias sobre una misma cosa no pueden ser al mismo tiempo verdad.

Dos más dos —por muchas vueltas que le demos— nunca serán cinco.

Pensemos qué indiferencia religiosa, qué decaimiento de la fe se desencadenaría, si la Iglesia católica no estuviese segura de estar en la verdad. No se escandalice nadie si lo digo sinceramente: En el momento en que la Iglesia católica me dijera:

«Está bien, no me importa que las demás religiones sean o no buenas y verdaderas...» yo sería el primero en abandonarla. Porque análogamente, tampoco sería buena y verdadera la religión católica.

Pero insistamos en este punto. Nosotros no despreciamos a las demás religiones. De ninguna manera; tan solo estimamos la propia. No odiamos a las otras religiones. No; es que amamos a la Iglesia católica. La amamos porque creemos que en ella vive la doctrina de Cristo, el mismo Cristo; la amamos porque Cristo Rey la fundó.

* * *

No sabemos apreciar lo que significa ser católico. Quien suele ponderarlo es el que no nació tal y después de largas luchas espirituales llegó al regazo de la Iglesia. No hace mucho que se publicó un libro de una célebre escritora alemana, María Bretano: *Cómo me llamó Dios*. La autora pasó de bailarina a monja benedictina... Pero ¡cuánto hubo de buscar, de sufrir, de luchar antes de que se cumpliera lo que un día vislumbró: «Si llegase a tener fe, ¡no podría ser sino católica!» Ella sabía lo que significa ser católica.

Nosotros no lo apreciamos como es debido. Lo supo apreciar aquel escolar protestante, alumno de medicina, que un día vino a verme y me dijo con profunda nostalgia: «Señor, si yo fuera católico, ¡con qué frecuencia iría a confesarme!...»

¿Sabes tú lo que significa ser católico? Estaba yo en América justamente cuando estalló en México la persecución más vergonzosa de la época moderna contra los católicos. A las violencias increíbles de los masones, la Iglesia contestó anunciando la suspensión de todos los actos religiosos a partir del 1 de agosto de 1926, para así obligar al pueblo mejicano, enteramente católico, a tomar posiciones contra el Gobierno masón y opresor. Cuando se esparció por el país la noticia de que el 1 de agosto se cerrarían todas las iglesias, y no habría misas, ni podrían confesarse los fieles, ni comulgar, ni se administraría el sacramento de la Confirmación y del Matrimonio..., se estremeció de dolor todo el pueblo católico de Méjico. Desde lejanas tierras, después de marchar fatigosamente durante varios días, llegaban largas caravanas de mejicanos a las ciudades, y allí, inundaban por última vez los recintos de las iglesias, para poder confesarse y recibir por última vez el Cuerpo Sacratísimo de Jesucristo... A diario acudían por millares los que querían recibir la confirmación, el bautismo...; y con pena esperaban el 1 de agosto, en que todo había de cesar... Aquellos hombres sabían lo que significa ser católico.

También los húngaros supieron lo que significaba la Iglesia, cuando en los días funestos del comunismo se cerraron las iglesias. «¡Que se me seque la lengua y se pegue al paladar, si me olvido de ti, Jerusalén!» (Salmo 136,6). Es lo que se decían los judíos cuando estaban cautivos en el exilio. Es el mismo sentimiento que se suscita en los católicos cuando se persigue y se oprime a la Iglesia.

El que valora a la Iglesia, le tiene sin cuidado de que se rían de él en la fábrica o en la empresa cuando tiene que defenderla si se la ataca injustamente.

Permanecer fiel a la Iglesia católica, es permanecer fiel a Jesucristo. Porque ella es la Esposa de Cristo. Cristo es Rey de la Iglesia. Estemos orgullosos de llamarnos católicos.

CAPÍTULO VII

CRISTO, REY DEL SACERDOCIO

Quiero desarrollar el pensamiento de Cristo y de la Iglesia sobre la dignidad y misión sacerdotales. ¿Qué piensa la Iglesia católica respecto del sacerdocio? ¿Para qué sirven los sacerdotes?

En esta cuestión, el único que decide, el único que dictamina es Nuestro Señor Jesucristo, el único Maestro.

Él dijo en cierta ocasión a sus Apóstoles: «Como me envió el Padre, así Yo os envío» (Juan 20,21).

«Yo os envío», sois mis embajadores, sois mis ministros. El sacerdocio no fue inventado, como muchos afirman, por hombres ávidos de poder y de honores; no fue inventado por hombres que buscasen ser honrados y venerados por el pueblo, sino que fue instituido por el Señor. Es voluntad del divino Jesús que haya hombres que, libres de otros quehaceres, aún más, libres de las preocupaciones de la vida familiar, consagren toda su vida, todos sus instantes, a un solo objetivo: a guiar los hombres a Dios y encaminar las almas al cielo. El mismo Dios, escogió un día de la semana, el domingo, para que fuese «el día del Señor»; el mismo Dios, escogió los salmos, para que fueran los «cantos del Señor»; el mismo Dios, quiso tener un lugar dedicado exclusivamente a Él, la «casa del Señor»..., este mismo Dios escogió también a algunos de los hombres para que fueran los «ungidos del Señor», los «ministros de Dios».

Mediante ellos Dios esparce sobre los fieles la gracia divina. El sacerdote, según la voluntad de Dios, el buen sacerdote, sabe muy bien él que es ministro, es decir, siervo, que no está para que le sirvan sino para servir, como siervo del Señor y de los fieles de Cristo. Este es el sacerdote católico.

«Como mi Padre me envió, así Yo os envío.»

Antes de ascender al cielo, Jesucristo confió a los Apóstoles confió la propagación de su doctrina: «Id y enseñad a todas las naciones, bautizándolas, en el nombre del Padre, y del Hijo, y del Espíritu Santo» (Mt 38,19).

Como si les dijera: Hasta hoy he sido Yo quien os ha enseñado a vosotros; en adelante habéis de ser vosotros los que enseñéis en mi nombre a las gentes. Hasta ahora he sido Yo quien os he alentado y protegido; en adelante habéis de ejercer vosotros el mismo oficio con vuestros prójimos. Hasta ahora fui Yo quien moldeé vuestras almas según la voluntad de Dios; en adelante habéis de moldear vosotros el alma de los fieles según mi espíritu. Es decir: hasta ahora vosotros habéis sido mis oyentes, mis prosélitos, mis discípulos; sed en adelante mis pregoneros, mis apóstoles; sed... imis sacerdotes!

La dignidad sacerdotal brota del Cenáculo, de la última Cena, de las palabras de despedida que el Redentor dirigió a los Apóstoles: «Haced esto»...; «Id y enseñad»...; es decir: ofreced el este mismo sacrificio de la Eucaristía y enseñad a los hombres a imitarme fielmente.

El sacerdote es un hombre como los demás, pero por la consagración sacerdotal, Cristo le ha confiado una misión excelsa:

«Id y enseñad a todas los pueblos, enseñándoles a observar todas las cosas que Yo os he mandado.» Es decir: «Id, enfrentaos con cualquiera que intente perder las almas. Id, no os turbéis, no temáis. Yo estoy con vosotros hasta la consumación de los siglos. Yo salgo fiador de que ni reyes, ni emperadores, ni repúblicas ni gobernadores podrán privaros del derecho que Yo os he conferido: Instruid a todas las gentes. No hay poder humano que os lo pueda impedir. Que tal misión os traerá sufrimientos, bien lo sé; os perseguirán, os odiarán, os veréis privados de todo..., también lo sé; pero aun así habréis de enseñar. La palabra de Dios no puede fracasar. Bautizad a todas las naciones, es decir, santificad las almas, perdonad los pecados, derramad mis gracias, enderezad y dar firmeza a la caña partida, dad aceite al candil que se apaga, infundid esperanza en las almas desesperadas..., llevad las almas a Dios. No tendréis familia, para que nada os ate. No tendréis hijos, para que podáis estar libres, para que en todo momento podáis dedicaros a vuestros hijos espirituales, que tendréis que ganar para Mí...

Así de sublime es la misión sacerdotal.

«Como mi Padre me envió, así Yo os envío.» Os envío para curar las heridas del alma. Os envío para cicatrizar las llagas espirituales.

Os envío para consolar los corazones atribulados.

Os envío para confirmar en la fe a los que se debaten en la duda.

Os envío para salvar las almas.

Si os encontráis en el mundo hombres afligidos, miradlos con mi amor. Si veis hombres agobiados bajo el peso de las pruebas, derramad en su alma mi consuelo. Si veis hombres encorvados por el peso de sus pecados, ofrecedles mi perdón. Sed luz para los que viven en las tinieblas. Dad ánimo a las almas pusilánimes. Traédmelos todos hacia Mí.

«*Vosotros sois la sal de la tierra...*» (Mt 5,13). Hay mucha maldad en el mundo, se cometen muchos pecados.... Advertid a las almas del peligro que están corriendo. Proclamad a todos los mandamientos de Dios. Recordad a las almas lo que Yo sufrí por ellas para salvarlas. No temáis; levantad la voz, aunque os cueste la propia vida, porque «vosotros sois la sal de la tierra», y tenéis el deber de preservar las almas de la podredumbre.

«Vosotros sois la luz del mundo» (Mt 5,14). Enseñad el camino que conduce a Dios. Enseñad mis leyes de tal suerte que los hombres, no sólo las conozcan, sino que también las cumplan y las vivan. Nada os debe atemorizar; difundid mi doctrina, aunque tengáis que pagarlo con vuestra vida. Sed pastores de mi grey, defended mis ovejas de los lobos los lobos astutos. En cambio, habéis de amar a vuestros enemigos, a aquellos que os insulten y os amenacen...

Tal es el ideal sublime del sacerdocio, según la Iglesia.

Comprendemos así porque los buenos fieles quieren y respetan tanto a los sacerdotes, y comprendemos también el odio profundo que les tienen los enemigos de la Iglesia y de la religión.

Los sacerdotes saben muy bien que el respeto y cariño que reciben, más que a sus personas, se debe la gracia de la misión, porque Jesucristo los eligió sin que lo hubieran merecido. Los buenos católicos aman a sus sacerdotes porque ellos continúan extendiendo el Reino de Dios, según el encargo que recibieron de Cristo; los respetan porque creen firmemente que las manos consagradas del sacerdote tienen el poder de traer cada día a este mundo el Cuerpo de Cristo.

Ellos son los instrumentos que Dios nos ha puesto para que alcancemos la vida eterna. Ellos no tienen otra misión que la de salvar las almas redimidas por la sangre del Jesucristo. Es a ellos sobre todo a quienes Cristo les dirige la pregunta: *Diligis me plus his?* (Juan 21,15): «Hijo, ¿me amas? ¿Me amas sobre todas las cosas? ¿Y sabes trabajar por Mí más que por todo lo demás?

Lo repito: el sacerdote no es un ángel, sino un hombre, como todos los demás. Pero es un hombre abrasado en el amor de Cristo. Nuestro Señor curó a un ciego con un poco de barro, y a una mujer enferma con sólo tocar el borde de su vestido. El sacerdote viene a ser también un poco de barro; pero barro que en manos de Cristo, abre los ojos a los ciegos y los capacita para ver a Dios. Es también el borde del vestido de Cristo, y así devuelve la salud a los enfermos del alma.

El sacerdote introduce a los fieles en la Iglesia mediante el bautismo; introduce a Dios en el alma mediante el Santísimo Sacramento; robustece las almas en la lucha, ora con ellas, les enseña el cielo, las consuela en la desgracia, en la agonía de la muerte; y reza por ellas ante el altar.

Perdonar los pecados no puede hacerlo sino Dios. El pecado no puede borrarse a no ser mediante el perdón de Dios. Puedo enmendarme, llorar, hacer penitencia..., pero esto no basta; la conciencia del pecado persiste en mi alma: la justicia de Dios no está reparada aún. Entonces me postro de rodillas en el confesionario, llevo allí mi alma atormentada y harapienta, caída y pecadora. No es un hombre el que está sentado en el santo Tribunal; veo al sacerdote, y en éste a Dios: «Confieso mis pecados al Dios omnipotente a través del sacerdote: le muestro mis llagas, mis caídas, mi dolor...»

Entonces, cuando he confesado humildemente mi pecado, con el corazón dolorido, Cristo misericordioso deja caer la sangre de sus llagas sobre mi alma, la lava y la conforta, le da valor y alegría..., y cuando me levanto del confesionario, siento que hay una nueva vida en mí, que tengo el alma limpia, que en mí está Cristo... Tal es la misión sublime del sacerdote.

Los católicos bien saben lo que es la confesión. Es devolver la paz al alma atormentada; es salvar a las almas descarriadas y caídas en el abismo del pecado y colocarlas de nuevo en el camino de la virtud... Es uno de los dones más excelsos que nos dejó el Redentor.

Y este poder de perdonar los pecados lo depositó Nuestro Señor Jesucristo en manos del sacerdocio. Es obvio, pues, que los fieles miren con respeto a los ministros del Señor.

Y quizá esto explique también el odio enconado que tienen los enemigos de la Iglesia hacia el sacerdocio. Ellos ven sólo defectos y pecados en los sacerdotes.

Preguntamos nosotros: ¿Puede tener entrada el mal en el corazón de un sacerdote? No hay que dudarlo, porque los sacerdotes también son hombres, puede haber en ellos defectos, debilidades hasta pecados. De todo árbol caen algunos frutos podridos, y todo ejército tiene desertores.

Pero no hemos de juzgar el árbol por los frutos caídos, ni el ejército porque haya habido algún desertor; precisamente porque los sacerdotes entregan sus vidas por los demás, saltan a la vista mucho más sus más leves defectos..., los que ni siquiera se advierten en los otros. En un mantel blanco se nota fácilmente la mancha más pequeña; entre los mismos Apóstoles ya hubo un Judas. Hay también hoy —por desgracia— sacerdotes en quienes se malogra la sal de la tierra, en quienes se oscurece la luz del mundo, que comprometen la doctrina de Cristo, que deshonran a la Iglesia.

Pero de esto, ¿qué se deduce? El católico consciente, por mucho que deplore estos tristes deslices, no por ellos perderá la fe. No tiene dudas de fe, porque ve la distinción que hay entre el hombre y el poder conferido por Cristo; y del mismo modo que en el sacerdote ejemplar no honra al hombre, sino al ministro de Jesucristo, así tampoco despreciará la religión de Cristo por los pecados del ministro infiel; no dirá que el Cristianismo es una mentira ni que fracasó, porque sabe que el sacerdote es el conducto por el cual baja la gracia divina a las almas, el recipiente de cual podemos sacar el amor de Dios... El recipiente, como el conducto, puede ser de oro, de plata, de bronce y hasta de arcilla, ¡no importa!; lo principal es lo que contiene, lo que da.

El católico consciente, a pesar de los posibles deslices, a pesar de las faltas en que pueda caer uno que otro sacerdote, honrará y respetará al sacerdote, porque fue elegido por el mismo Cristo para continuar su misión. Y si otros odian a todos los sacerdotes sin excepción, tan sólo porque son sacerdotes, el católico fiel honra al sacerdote precisamente porque es sacerdote, porque es ministro de Dios.

Y nadie llora con más dolor por el comportamiento de un mal sacerdote que los sacerdotes ejemplares, los que lo son según el Corazón de Cristo, porque ellos saben mejor que los demás que ni siquiera diez sacerdotes de vida santa pueden remediar el estrago espiritual que causa la vida de un solo mal sacerdote.

Los enemigos de la Iglesia no atacan a los malos sacerdotes, al contrario, los ensalzan, los proclaman héroes, lumbreras de la teología... En cambio, a los sacerdotes más fervorosos, más parecidos a Cristo, más santos, los calumnian con sarcasmo y los persiguen.

Una de las armas más poderosas de la Iglesia católica es la oración. Leemos en los Hechos de los Apóstoles que, cuando San Pedro sufría en la cárcel del rey Herodes Agripa, la Iglesia entera rezaba sin cesar por él.

Los sacerdotes nunca necesitaron tanto de la oración de los fieles como en los tiempos actuales. Quizá parezca algo extraña mi afirmación, pero responde a una realidad: no sólo son los sacerdotes los que han de rezar por los fieles, sino que también los fieles han de rezar por los sacerdotes. Es un mandato encarecido de Jesucristo. En una ocasión echó una mirada por el mundo de las almas: ¡cuántos hombres que buscan a Dios, cuántas almas inmortales, cuántas luchas, cuánto dolor, y cuán pocos son en la tierra los que se preocupen de estas almas! Entonces brotó de su corazón un suspiro: «La mies es mucha, pero los obreros pocos. Rogad, pues, al dueño de la mies que envíe operarios a su mies» (Mt 9, 17-38; Lc 10,2).

Los católicos también han de rezar por los seminaristas, para que éstos perseveren en la vocación con el amor ardoroso de un alma joven; a fin de que, cuando el bienestar, la comodidad y la felicidad de esta tierra quieran seducirlos, ellos perseveren impertérritos y se preparen para la alta misión de salvar las almas, aunque en este camino les cueste muchas renuncias, muchos sacrificios.

Claro que, aunque fuera cien veces más difícil su vida, aunque recrudecieran las persecuciones y se empinaran los caminos de calvario y se multiplicaran los sarcasmos y las calumnias, nunca serían exterminados los ungidos del Señor. Durante dos milenios han probado ya muchas cosas los enemigos de la Iglesia. Apresaron al Papa, desterraron a los obispos, ejecutaron a muchos sacerdotes. ¿De qué les sirvió?

No es así como tendrían que acometer su empresa.

Habrían de aprisionar el alma de la Iglesia. Habrían de apoderarse de ella y ahogarla. Tendrían que detener el soplo del espíritu que pone en el alma de los jóvenes la vocación: Hijo mío, ¿podrías tú amarme más que a todos los demás hombres? ¿Podrías hacer más por Mí?... ¿Sufrir más? ¿Sabrías ser mi sacerdote? Tendrían que detener este espíritu, al cual contesta el joven conmovido: Señor, soy tuyo, tuya es mi vida..., y aunque me esperen persecuciones, calvario, espinas y un mendrugo de pan..., tuyo soy.

¿Quién dirá que no es así?

En los días sangrientos del comunismo, cuando muerte y hambre amenazaban a todo sacerdote católico, me encontré con un muchacho de ojos ardientes, estudiante del cuarto curso de bachillerato. Trabamos conversación y me dijo que quería ser sacerdote. Quedé sorprendido.

—¿Ahora, hijo mío, quieres ser sacerdote? ¿Precisamente ahora? Tienes muchas profesiones y oficios para escoger..., pero ¿sabes lo que significa ser sacerdote? ¿Sabes lo que te espera?

—Sí, me estoy preparando para ser sacerdote desde pequeño —me contestó.

Le miré a los ojos fijamente:

—¿Sabes, hijo mío, que si eres sacerdote estás expuesto a morir de hambre?

El muchacho me miró también, y emocionado no me dijo más que esto: «No importa, Padre; Nuestro Señor Jesucristo estará junto a mí también entonces...»

¡Sí, estará contigo! Y estará con todos vosotros, seminaristas que os preparáis para servir al Señor; y estará con todos los fieles que de algún modo ayudan al sacerdote, sea quien fuere, en el servicio de Dios.

El trabajo sacerdotal nunca ha sido fácil y cómodo; pero algunos padres se deslumbran con el prestigio y el respeto exteriores que a veces lleva consigo. Entonces hemos de suplicarles: Si vuestro hijo no quiere ser sacerdote, no le forcéis, ¡por amor de Dios!

Mas, ahora, digo a todos los padres: Si vuestro hijo se presenta ante vosotros entusiasmado y os dice: «Padre, madre, Jesucristo me ha llamado y me ha escogido para que sea sacerdote. Y yo le he dicho que sí». Entonces, abrazad con mucho amor a vuestro hijo, y dadle vuestra bendición para siga la senda estrecha y espinosa de los ministros de Cristo.

Padres: ¡habéis de dar buenos sacerdotes a Nuestro Señor Jesucristo!

Sea el Señor servido de mandar sacerdotes fervorosos, sacerdotes santos a la Iglesia; vasallos fieles del Rey del sacerdocio, Cristo.

CAPÍTULO VIII

¿QUÉ SIGNIFICA EL NACIMIENTO DE CRISTO PARA EL MUNDO?

¿Cómo era el mundo antes de la venida de Cristo?

La humanidad peregrinaba por la tierra como los discípulos de Emaús: como ellos, caminaba cansada y desilusionada, sin esperanza.

La gente no sabía para que vivían, no conocía lo más importante: cuál es el sentido de la vida. Una idolatría desenfrenada, una oscuridad pavorosa envolvía los pueblos. Los que hemos crecido en la religión cristiana desde la niñez, no podemos concebir que hombres sabios se inclinaran ante una estatua de bronce o un ídolo de mármol; que pueblos civilizados adorasen a un gato, a una cigüeña, a un toro o a una vaca, que los romanos diesen culto a los emperadores. ¡Qué asombroso cúmulo de errores!

La humanidad, por sus propias fuerzas, no podía conocer el camino, no podía conocer al Dios verdadero. Tendría que venir el mismo Dios para dárselo a conocer.

Los hombres más eximios sentían que algo les faltaba. Grandes filósofos —Aristóteles, Platón— y poetas —Sófocles, Horacio, Virgilio— gritaban a veces desde el fondo de su miseria:

¡Ojalá viniese alguien que nos trajese la salvación! El mundo esperaba la venida de Cristo.

Suele atribuirse a Platón la siguiente frase: «No sé de dónde vengo; no sé qué soy; no sé adónde voy; tú, Ser Desconocido, ten piedad de mí.»

Lo mismo sucede actualmente en los pueblos que no conocen a Cristo. A lo más, se invoca a Alguien que no se conoce, al que es origen y causa de todo lo que existe.

Porque el hombre tiene nostalgia de Dios, nostalgia de un Salvador. Ya lo había predicho Isaías siglos antes de la venida de Cristo: «Porque un niño nos ha nacido, un hijo nos ha sido dado.

Lleva sobre sus hombros el principado y tendrá por nombre el Admirable, el Consejero, Dios, el Fuerte, el Padre del siglo venidero, Príncipe de la paz". Su soberanía será grande, y habrá una paz sin fin para el trono de David y para su reino; él lo establecerá y lo sostendrá por el derecho y la justicia, desde ahora y para siempre.» (Is 9,5-6)

¿Qué ha llegado a ser el mundo gracias a Cristo?

No vamos a explicar ahora lo que deben a Cristo la ciencia, la cultura, las artes humanas. Solamente respecto del arte necesitaríamos tomos y más tomos, toda una biblioteca, para resumir la influencia del Cristianismo sobre la pintura, la escultura, la arquitectura, la música...

Lo que quiero subrayar es la gran altura moral a que ha elevado Cristo al hombre. Gracias a Cristo, la vida moral de la humanidad se ha elevado sobre sus mismos fundamentos.

Difícilmente podremos imaginarnos la corrupción moral con que vivían los hombres antes de Cristo. Es verdad que no todo era malo, que también se cultivaban algunas virtudes... Pero qué diferencia con la llegada del Cristianismo. Incluso algunas virtudes apenas se conocían o se valoraban antes de la llegada de Cristo; por ejemplo, la pureza, la virginidad; la vida familiar —pensemos lo extendido que estaba el divorcio en el imperio romano: las mujeres se divorciaban para poder casarse, y se casaban para poderse divorciar—; el aprecio por la mujer —debido en gran parte al culto de la Virgen María—; la dignidad de los pobres — antes los esclavos no valían nada—; el sentido del sufrimiento —antes reinaba en la desgracia, una desesperación ciega y fatalista—; la estima por el trabajo —antes el trabajo manual se tenía como un castigo—... etc.

Los fundamentos más firmes de la sociedad civil —las virtudes, el honor, la integridad moral, el cumplimiento del deber—, no los ha promovido el Estado, que sólo se limita a castigar los delitos. Es sobre todo el Cristianismo quien lo ha hecho. Por eso, el Cristianismo es una de las mayores fuerzas de la civilización.

Para el Cristianismo el alma de cualquiera —de un niño pobre, de un minusválido, de un gitano...—, vale más que todo el mundo material. Y ¡qué maravillosas consecuencias se derivan de ello! El obrero y el empresario no deben odiarse, porque todos los hombres somos hermanos; tampoco se deben de odiar las naciones. No hay personas que valgan menos: todos, incluso los enfermos, los discapacitados, pobres, ignorantes... tienen la misma dignidad.

Todo esto significa para el mundo el nacimiento de Cristo. Él da respuesta a todas las preguntas y problemas que le angustian al hombre: el sentido de la vida, el sufrimiento, la muerte, el problema de la felicidad, sus ansias de vida eterna... Toda la grandeza espiritual que hemos visto en estos últimos dos mil años brota de esta fuente. Cristo se hizo uno de nosotros, tomó nuestra naturaleza, para hacernos hijos de Dios.

¿Qué sería del mundo sin Cristo?

Pero ¿es posible que haya todavía quien se considere enemigo de Cristo? Sí. Por desgracia, los hay. Pero ¿qué sería de la humanidad sin Él?

¿Qué le ocurre al mundo cuando se aleja de Cristo? Miremos cómo está la vida de familia hoy día cuando la sociedad se seculariza: riñas, divorcios, abortos, anticoncepción, resistencia a los planes de Dios. Al niño se le considera, no una «bendición», sino una maldición, un estorbo.

¿Quieres saber qué se hace de la humanidad sin Cristo? Fíjate en el número de asesinatos, de suicidios, de robos, secuestros… que se cometen cuando no se vive en Cristo.

¡Cuánta inmoralidad! Pornografía, trata de blancas, bailes lascivos, etc.

¡Los horóscopos, las supersticiones, los augurios, el espiritismo!

Mira cómo está la juventud cuando le falta Dios: drogas, violencia, delincuencia, bandas, sexo, suicidios.

¡Es el mundo sin Cristo!

Pero no hace falta hablar del mundo que nos rodea. Hablemos de nosotros mismos. ¡Qué felices nos sentimos cuando tenemos a Cristo, cuando Él mora en nosotros! ¡Y qué infelices nos sentimos cuando nos separamos de Cristo por el pecado!

Un día los Apóstoles estuvieron pescando toda la noche y no pescaron nada… No pescaron nada, porque el Señor no estaba con ellos (Cf. Lc 5,5). Lo mismo te pasa a ti. Cuando no estás con Cristo, tus esfuerzos resultan inútiles, no dan resultados.

¡Cuántas veces caes en la tentación y te alejas de Cristo! Te justificas diciendo que «todo el mundo lo hace…» Y después de probar el placer prohibido, sientes asco y hastío. ¡Mira qué tristeza embarga a tu alma!

Has robado: ¿te quedas tranquilo?

Has pisoteado la honra ajena: ¿te quedas tranquilo? Has caído en la impureza: ¿te quedas tranquilo?

Si te alejas de Dios; ¿cómo podrás aguantar cuando te sobrevenga la desgracia? Cuando pierdas a tus padres, a tu ser más querido; cuando te sientas solo…, ¿cómo podrás vivir si Cristo no está junto a ti? Cuando te seduzca el pecado, la tentación…, ¿cómo podrás perseverar en el bien si Cristo no está a tu lado?

Alegrémonos de que Cristo haya venido a este mundo. Alegrémonos de que Jesucristo quiera morar en mi alma. De nada te servirá que Jesucristo haya nacido en Belén., si no mora en tu alma.

El famoso escritor italiano, Papini, fue durante muchos años anarquista, ateo, impugnador acérrimo del Catolicismo. Un día se encontró con Cristo y se convirtió. Poco después se retiró durante quince meces y allí, en la soledad, escribió su hermoso libro La Historia de Cristo.

Impresiona la parte del libro en que describe la terrible inmoralidad de la vida actual. Bien la conocía el autor. Odio por doquier, robos, egoísmo, inmoralidad, violencia...

Y al final de su libro, este ex anarquista, este ex ateo, le dirige a Jesucristo una oración, que podríamos resumir de la siguiente manera:

Señor, si Tú no fueras más que un Dios justo, no nos escucharías, por todo el mal que hemos cometido los hombres contra Ti. ¡Cuántos Judas te han traicionado y vendido a lo largo de la historia millones de veces! ¡Cuántos hombres han gritado cómo los fariseos desde hace dos mil años: No queremos a Cristo! ¡Fuera Cristo! ¡Cuántas veces, por dinero, por un puesto que querían alcanzar, te azotaron hasta hacerte derramar sangre! ¡Cuántas veces te hemos crucificado con nuestros deseos, con nuestros pensamientos, con nuestras acciones! ¡Cuántas, pero cuántas veces, oh Dios misericordioso!

Hemos desterrado a Cristo de nuestras vidas porque era demasiado puro para nosotros. ¡Le dimos la espalda porque era demasiado santo para nosotros! ¡Le hemos crucificado, le hemos condenado, porque su rectitud condenaba nuestra vida pecaminosa!

¿Y ahora?

Ahora, cuando hemos llegado ya a tal estado de corrupción, ahora nos damos cuenta de la falta que nos hace. Sentimos nostalgia de la verdad y de la honradez.

Cristo, nuestro único mal es éste: haberte abandonado. ¡Nos haces tanta falta!

Estamos hambrientos y sedientos de felicidad. Estamos enfermos del alma. Estamos desorientados, no sabemos cuál es el camino. No sabemos dónde está la verdad. Vivimos sin paz, en guerra perpetua. Señor, tú eres nuestro Pan. Tú eres el agua que salta a la vida eterna. Tú eres el camino. Tú eres la Vida. Tú eres nuestra paz.

¡Cómo te busca nuestra alma! ¡Ven! ¡Señor! ¡Jesús!

¡Ven, Cristo Rey del mundo!

CAPÍTULO IX

CRISTO, REY DE MI ALMA

Cristo es también el Rey de mi alma.

¿Qué significa esto? Que mi alma tiene nostalgia de Cristo, que Cristo es mi único señor. A Él tengo que obedecer y seguir. Servirlo e imitarlo no es sólo un deber para mí, sino mi principal placer.

¡Mi deber! «Nadie puede servir a dos señores» (Mt 6,24), dice Jesucristo. ¿Quiénes son estos dos señores? Él es uno de ellos.

¿Y el otro? Pues cuanto está frente a Él: la malicia, el egoísmo, la fealdad, el pecado, el mundo.

¿A quién he de servir? ¿Es que puedo dudar? ¿No es una vida perdida servir al mundo y dejar de servir a la propia alma y al Señor del alma, Dios?

Por tanto, es deber mío servir a Dios.

¿Y qué significa servir a Dios? Pensar en mi propia alma, en la vida eterna. ¡Cómo nos ata la tierra, la vida moderna! ¡Qué pocos son los que tienen tiempo para su alma!

¿Cuáles son los deseos del hombre apegado a este mundo? Salud, felicidad, dinero. Unos pocos más desean conocimientos, desean saber. ¿Pero cuántos piensan en su *alma*? De forma que muchos ni se plantean el que no puedan servir a dos señores. No, no sirven a dos, no sirven más que a uno: a la tierra, al mundo.

Un escritor alemán, Paul Keller escribió un cuento sobre un renacuajo, un renacuajo que durante todo el día no sueña en otra cosa que en comer moscas gordas y pasearse cogido del brazo con una bella rana. ¡Cuántos hombres hacen con su vida prácticamente lo mismo! ¡Cuántos jóvenes no viven más que para el placer, para disfrutar! ¡Cuántos no sueñan más que en el baile, en la fiesta, en la borrachera! Bastaría esto si no tuviéramos más que cuerpo. ¡Pero tenemos también alma!

Precisamente porque tenemos un alma que tiene ansias de Dios, la imitación de Cristo no es sólo un deber para mí, sino lo que más ansío, mi auténtica felicidad, un auténtico placer.

Dios es espíritu, nuestra alma es espíritu; hay parentesco entre Dios y mi alma, y este parentesco me impele hacia Dios. El arroyuelo tiene parentesco con el mar, y por esto corre hacia él. La superficie del mar despide continuamente vapores, y éstos se condensan en la nube, y la nube se deshace en lluvia; pero el agua no sabe estar separada del mar; corre veloz hacia él. Ponle obstáculos; podrás detener su curso por algún tiempo, quizá podrás encauzarla en otra dirección, pero, por sendas escondidas, por las grietas de las rocas, quizás mezclándose con el barro, correrá con vehemencia hacia el mar. De la misma manera el alma siente anhelo de Dios y corre hacia Él. Puedes ponerle diques, que en verdad lo son, y muy poderosos, los placeres prohibidos, el concepto frívolo de la vida, el pecado; puedes encauzarla por caminos falsos; todo inútil. Al final sufre las consecuencias, se siente infeliz, porque no sabe vivir sin Dios.

El pez no se ahoga en el agua, el pájaro no se pierde en el aire, el oro no se quema en el fuego, porque así lo prescriben las leyes naturales; y yo no puedo vivir sin Dios, porque a Dios me liga mi propia naturaleza.

¡Cristo es mi Rey! No puede haber una vida verdaderamente humana si no se lleva una vida religiosa, porque Dios y el alma están en relación estrecha, y al Rey absoluto, que me creó por amor, debo entregarme sin reserva.

Nuestro gran mal proviene justamente de que la vida y la religiosidad muchas veces no van a la par, no están entrelazadas. Un día somos hombres de este mundo, otro día somos cristianos. Cuando rezamos, nos volvemos a Dios; pero cuando empezamos a trabajar nos olvidamos de Dios. Me duele manifestarlo, pero sucede muchas veces que el cristiano, al salir de la Iglesia, no se distingue en nada, ni en su vida familiar, ni en su trabajo, ni en sus diversiones, de los que no son cristianos. Lo que en buena lógica no debería suceder. Al encontrarnos con una persona, tendríamos que ver ya desde el primer momento si es o no cristiano.

Ite, missa est: «Idos, acabada está la Misa.» Y nos vamos,

¡Pensamos que ya hemos cumplido con nuestro deber de cristianos! Cuando es justamente entonces cuando tendría que comenzar el culto de mi vida ofrecida a Dios, el culto de mi honradez, de mi veracidad, de mi caridad, de mi cumplimiento del deber. La religión debe ir a la par de la vida.

Si hubieras de escribir tu autobiografía, ¿qué es lo que pondrías en ella?

Quizá esto: Hubo una vez un hombre cuya alma estaba hambrienta y sedienta de Dios, pero él no le dio más alimento que aire, viento, apariencias. Pensaba que le bastaba con tener una rica fortuna, con tener cierto prestigio, con tener un auto magnífico, con tener un hogar o un buen trabajo..., con gozar de ciertas diversiones, que todas estas cosas le bastaban. Pero no tenía un solo minuto para su alma y ésta se quedó sedienta y vacía; aún más: como si fuera un abismo sin fondo: cuanto más cosas se arrojaban en él, tanto más bramaba el abismo: aún no basta...

¡Qué triste biografía!

No hemos de olvidarlo: Cristo es mi Rey, mi único Rey.

¡Debo unir la religión y la vida! El que sólo quisiera llevar una vida religiosa, correría peligro de descuidar obligaciones importantes y perdería el equilibrio. El que tan sólo se preocupará de esta vida, acabaría matando su espíritu, pegado al fango de la tierra. Hay que empalmar las dos: la religiosidad y la vida de este mundo, los ideales eternos y los temporales. Mis ansías de eternidad y mi vida presente han de andar en perfecta consonancia. He ahí el significado de este pensamiento: Cristo es mi Rey.

«Cristo es mi Rey». Esto significa, no sólo que mi alma anhela encontrarse con Cristo, sino que también Cristo desea mi alma.

¿Qué significa que Cristo desee mi alma?

«Levanta del polvo de la tierra al desvalido, y alza del estercolero al pobre», dice el Salmista (Salmo 112,7). Jesucristo quiere levantar del polvo a mi pobre alma; del polvo del pecado, de mis pasiones. ¡Qué espantosa es un alma pecadora!... ¡y cómo se hermosea si Cristo vive en ella!

Y prosigue el Salmista: «... para colocarle entre los príncipes, entre los príncipes de su pueblo». Entre las hermosuras del pueblo celestial... ¿No vemos en el transcurso de los siglos cómo ha cumplido Cristo su promesa? ¿Qué le pasa a un alma que se entrega del todo a Cristo? Ahí están Pedro y Juan, Pablo y San Francisco de Asís, San Agustín, San Ignacio, Luis Gonzaga, Estanislao, María Magdalena, Inés, Cecilia, Teresa, Emerico, Ladislao, Margarita, Teresita de Lisieux...

***

Si Cristo es realmente mi Rey, si me llamo «cristiano», este nombre me obliga a vivir, a pensar, a portarme en todo conforme al nombre, que trae su origen de Cristo.

Cuéntase del rey polaco Boleslao, que llevaba siempre sobre su pecho el retrato de su padre, y antes de emprender cualquier asunto grave miraba el retrato y decía: «Padre, no quisiera hacer por nada del mundo algo que fuera indigno de ti.»

«Cristo es Rey de mi alma.» En ella está grabada con letras de fuego la imagen de Cristo por el bautismo; el rostro de Cristo está grabado en mí. ¡Pobre Cristo! ¡En cuántas almas está tu rostro cubierto de polvo, de fango! Y sin embargo, ¡el nombre «cristiano» impone graves deberes! Mirad cómo se aman los unos a los otros.

¡Son cristianos!», decían los gentiles al ver a los primeros fieles de Cristo. «¡Mirad! ¿Estos son de verdad cristianos?», podrían preguntarse los que nos rodean al ver la vida relajada de muchos que se dicen cristianos.

Si Cristo es realmente mi Rey por el bautismo, no sólo está en mí su imagen, sino que entonces Cristo mora en mí.

En mí mora Cristo, mi vida. ¡Qué admirable pensamiento! Entonces, he de tenerlo siempre presente, no puedo dejar solo a mi huésped.

¿Cómo? ¿Entonces, no podré trabajar?... Sí, pero el trabajo no me ha de absorber tanto que por él me olvide de Cristo. ¿No he de de hacer tantas otras cosas? Sí, pero no he de olvidarme de Cristo. ¿No podré divertirme? Sí, pero también entonces Cristo tiene que estar conmigo.

¡Siempre estoy ante los ojos de Cristo! En cualquier lugar en que me encuentre, cualquiera cosa que haga, diga lo que dijere...,

¡siempre! ¡Qué pureza y limpieza de corazón he de vivir, si Cristo mora en mí! Cristo mora en mí; por tanto, he de estar limpio.

Han de ser puros mis pensamientos. Han de ser puros mis ojos. ¡Ha de ser pura mi lengua! Nada de murmuraciones, maledicencias, calumnias.

Todo lo mío ha de ser puro: soy un sagrario viviente.

¡En mí mora Cristo! No he de ser tan sólo sagrario, sino también ostensorio, para darlo a conocer a los demás. Quien me vea a mí, ha de ver en mí a Cristo. El que me trate, ha de sentir que Cristo vive en mí.

He de ser otro Cristo para las almas. Porque en realidad, si Cristo mora en mí, puedo decir como San Pablo: «Yo vivo, o más bien, no soy yo el que vivo, sino que Cristo vive en mí» (Gal 2,20). Soy morada viviente de Cristo.

La conversión del mundo al Cristianismo la comenzaron doce Apóstoles. ¿Doce? Bien; el primer día no eran más. Ellos supieron transmitir el fuego de amor a Cristo a cuántos encontraban; y los nuevos cristianos a su vez se hacían apóstoles y pasaban su fuego a otros, y el amor de Cristo se propagaba como un vasto incendio. Se propagaba —no te escandalices, lector— como una enfermedad contagiosa.

Los primeros cristianos sintieron todos el contagio.

Los bacilos del Cristianismo penetraban y se extendían. El que hablaba con un cristiano sentía al día siguiente que también en él trabajaba esta enfermedad bendita, esta enfermedad santa, este contagio divino: se sentía que era otro hombre, llamado a ser otro Cristo.

Cristo es mi Rey. ¿Qué significa esto? Que he de vivir como cristiano, que he de contagiar a otros mi cristianismo; y en cualquier sitio en que me encuentre, con cualquiera que hable, por todas partes y a todos he de contagiar el amor de Cristo. ¿Es enfermedad?... ¡Oh, no! Es la auténtica salud, la vida divina, la vida eterna.

Sí, he de ser la columna de fuego que guíe a mis pobres hermanos que caminan a tientas en la oscuridad; he de conducirlos al Corazón de Cristo. No sólo con palabras, sino con mi vida, con mi ejemplo.

CAPÍTULO X

CRISTO, REY DE LOS NIÑOS

Nunca como en nuestros días, se ha hablado tanto de los derechos de los niños, de proteger a la infancia, de cuidar con el mayor esmero la salud de los niños...Todo ello es muy valorable. No obstante, muchas veces da la impresión de que nos olvidamos de lo más importante.

Nos fijamos sobre todo en la salud corporal del niño, en su cuidado material: alimentación, estimulación, higiene, instrucción... Pero esto solo no basta, porque el niño, además de cuerpo, tiene también alma, espíritu, y está llamado a ser hijo de Dios. Y ¡qué poco se habla del cuidado del alma de los hijos! Y es sobre todo a los padres, a quienes Dios les ha confiado esta obligación, de la que tendrán que rendir un día cuentas.

Nuestro Señor Jesucristo quiere mucho a los niños: «Dejad que los niños vengan a Mí» (Mt 19,14; Mc 10,14). Él los ama de una forma especial: «Y el que reciba a un niño como éste en mi nombre, a mí me recibe.» (Mt 18,5; Mc 9,36; Lc 9,48). Es Él quien promulga la primera ley en defensa del niño: *El que escandalice a un niño, mejor le sería que le colgasen del cuello una piedra de molino y le arrojasen al mar* (Mt 18,6; Mc 9,41). Aún más, los pone como modelo, y exige a sus Apóstoles que hagan como ellos (Mt 18,3; Lc 9,48). Con los niños quería estar (Mt 19,13), y los bendecía. Cuando entró en Jerusalén, los niños le precedieron cantando el Hosanna. Hasta incluso en la Pasión, cuando llevaba la cruz, aún se preocupó de los niños: «Llorad por vosotras mismas y por vuestros hijos» (Lc 22,28).

Los padres deben considerar a sus hijos, no como una posesión, como algo que les pertenece, como un mero medio que satisface su instinto de maternidad o paternidad, sino ante todo como criaturas de Dios, como hijos de Dios, llamados a la vida eterna. De ahí que formar su alma, cultivar su espíritu, darle a conocer a Dios, sea la obligación más perentoria, el deber más honroso de los padres.

Si el niño pertenece más a Dios que a los padres —y no hay padre cristiano que no sienta la verdad de estas palabras—; si es verdad que Cristo es Rey de los niños, de ahí surge una consecuencia importantísima: el deber santo de educar al niño no sólo para esta vida terrenal, sino también y principalmente para la vida eterna.

Sin embargo, ¡cuántos padres olvidan esta verdad de capital importancia! ¡Cuántos hacen los mayores sacrificios y no escatiman fatigas ni trabajos para lograr que su hijo sea más y más sano, más listo, más instruido! Escuela, piano, idiomas, clases de baile, deporte...; todo esto está muy bien, pero el padre se olvida que su hijo tiene también alma... ¿Te has preocupado también de su alma? No olvides que el niño pertenece a Dios, quien te pedirá cuenta un día del tesoro que te ha confiado.

«A mi hijo ya le dan clases de religión en la escuela», se justifica el padre.

Pero eso no es suficiente. ¿De qué sirven una o dos lecciones semanales de religión, si en casa y en la calle, en los medios de comunicación social, el niño no ve puestas en práctica las hermosas verdades de la clase de religión o más bien contempla ejemplos completamente opuestos a los que aprende en la clase?

«Pues ¿qué he de hacer? ¿Predicarle continuamente?

¿Tendré que estar haciéndole rezar machaconamente?» Ciertamente, tendrás que hablarle con frecuencia de Dios, de Nuestro Señor Jesucristo, de la Virgen, de los santos, y procurar que tu hijo rece, pero has de hacer algo más. ¿Qué? Tres cosas: 1.º Educar su voluntad. 2.º No ser ingenuo, vigilar su comportamiento, y 3.º Educar con el ejemplo.

1. Educar la voluntad del niño. Es decir, acostumbrarle a obedecer y a cumplir con su deber.

El Antiguo Testamento, en la historia de Helí, da un aviso muy serio a los padres que todo lo perdonan, que todo lo excusan.

«Castigaré perpetuamente su casa por causa de su iniquidad: puesto que sabiendo lo indignamente que se portan sus hijos, no los ha corregido como debía» (1 Reyes 3,13). Y, sin embargo, Helí reprendió a sus hijos, sólo que no lo hizo con la suficiente severidad.

Pues bien; ¿qué diría el Señor hoy sobre el amor insensato, el

«amor melindroso» de los padres actuales? De los padres que dan culto a nueva clase de idolatría: en el trono está sentado un minúsculo tirano de cuatro o cinco años, que se enfada, que grita, que furioso golpea el suelo con los pies, y dos vasallos ya maduros, un hombre y una mujer, se inclinan asustados y corren a cumplir todos los necios caprichos del tirano amado, del querido idolito.

Educar implica no mimar con exceso al niño y acostumbrarlo a una obediencia pronta y sin réplica. Porque el niño al principio no sabe lo que es la obediencia, y hay que enseñársela.

«Pero, ¿y si llora el niño?, ¿si nos exige ciertas cosas?» Pues que llore, que esto no dañará su salud. Sépanlo bien los padres: Mejor es que llore el niño cuando sea pequeño, para que un día, cuando ya sea mayor, no tengan que llorar sus padres por él.

2. Vigilad su comportamiento.

No necesitáis estar siempre detrás de él. Basta con que sepáis en cada momento dónde está vuestro hijo, qué es lo que hace y con quién está.

No os excuséis diciendo: «¡Mi hijo es aún tan ingenuo, tan niño, tan inocente!» No excuséis de esta manera vuestra negligencia. Vuestro hijo tiene, como todos, pecado original, y está expuesto como todos ser tentado y sufrir caídas. ¿Qué diría a semejantes padres SAN PABLO, el Apóstol de las gentes? «Si alguien no tiene cuidado de los suyos, principalmente de sus familiares, ha renegado de la fe y es peor que un infiel.» (1 Tim 5,8).

Es una lástima comprobar que muchos padres tienen tiempo para muchas cosas, menos para educar a sus hijos. No les interesa, y por eso, tampoco les vigilan y no les previenen de muchas ocasiones de peligro para sus almas.

3. Y finalmente, educar al niño con el ejemplo.

Porque el ejemplo arrastra. Por desgracia, van desapareciendo hermosas costumbres cristianas en el hogar, que tanto bien han hecho. La oración matutina y vespertina hecha en común, lecturas religiosas, imágenes de santos colgadas de las paredes, conversaciones sobre temas religiosos...

«Si la raíz es santa, también lo son las ramas», dice el apóstol (Rom 11,15).

¿Y si no es santa? Si el padre y madre tienen el alma fría, helada, ¿qué será del niño?...

II

¿Dónde puede estar la raíz del problema de la educación de los hijos?

¿No será que los criterios mundanos han contagiado el mismo santuario de las familias cristianas? ¿No será que los niños ya no se consideran como una «bendición», sino más bien de una «maldición» de la familia?

Si echamos una mirada retrospectiva a la Historia, vemos por todas partes que donde han vivido hombres honrados, allí se ha considerado al niño como el mejor tesoro de la familia. Un ejemplo, el pueblo judío del Antiguo Testamento. La mujer se consideraba desdichada si Dios no le concedía hijos. La Sagrada Escritura consigna de una manera conmovedora la oración de ANA, madre de Samuel: «Señor de los ejércitos, si te dignas volver los ojos para mirar la aflicción de tu sierva..., y das a tu sierva un hijo varón, le consagraré al Señor por todos los días de su vida» (I Samuel 1,2).

Acuérdate de Santa Isabel, que estaba profundamente entristecida por no tener hijos. Pero ¡cuál fue su júbilo al nacer San Juan Bautista!; «supieron los vecinos y parientes la gran misericordia que Dios le había hecho, y se congratulaban con ella» (Lc 1,58).

Repasa la historia de Roma y repara en los paganos de sentimientos rectos y nobles. Una amiga que viene de Capua visita a Cornelia, una de las más nobles damas romanas, y no cesa de hacerse lenguas de sus propias alhajas. «Pero, querida amiga, enséñame tú también tus más hermosas joyas», le dice finalmente. Entonces Cornelia hace entrar a sus hijos: «Mira, éstas son mis alhajas más hermosas».

El niño era parte esencial de la familia, hasta el punto que ésta no se consideraba perfecta sin la bendición de los hijos. Si hoy preguntamos a un campesino cristiano, aún no contaminado por las corrientes modernas: «¿Tienes familia?», nos contestará: «Sí, tengo cinco», aludiendo a sus cinco hijos, porque, según su modo de pensar, donde no hay niños no hay familia.

Y, en verdad, ¿qué es el matrimonio sin hijos? Un árbol espléndido que no da ningún fruto.

¿Qué es el hogar más rico sin hijos? Un sol invernal que no irradia calor.

Pero hoy día se ha inculcado un pensamiento terrible: el miedo de las familias a tener niños. Es realmente lamentable ver a matrimonios que gozan de buena salud, a quienes Dios concedería la bendición de tener hijos, y sin embargo, ellos no quieren aceptar este don, porque, para ellos, el niño no es más que una carga. Realmente es horrendo no aceptar la voluntad de Dios, no querer acoger al niño que el Señor les manda.

Da escalofríos solo pensar que haya novios que se casan con la idea de no tener niños, que quieren ser solo esposo y esposa, pero no padre y madre.

Nos asombra ver que el santuario de la familia se ha transformado en un antro de pecado; que la casa retumba de puro vacía; que sean los propios padres los que maten a sus propios hijos, o que pongan obstáculos para que sean concebidos; que haya madres que no quieran mecer la cuna de su bebé, sino cavar su tumba; que el vergel de la familia no tenga flores y no despida fragancia...

No quiero tratar más de este pecado, de este mal terrible.

¡Ojalá los esposos considerasen atentamente que ellos tendrán que rendir cuentas a Dios de este pecado, de haber rebajado el sacramento del matrimonio hasta límites realmente increíbles!

No se necesita ser muy listo para comprender adónde llegará una nación que deliberada y sistemáticamente las familias no tienen más que un solo hijo. Aunque haya dos, no por ello aumenta el número de la población, porque en tal caso, mueren dos viejos y se quedan dos jóvenes. Y no se compensa el número de los que por diversas circunstancias mueren solteros. Se necesitan hogares en que haya, por lo menos, tres hijos. ¡Cuántas son hoy día las familias que no tienen más de dos hijos! O uno solo. ¡Y quizá ni siquiera uno! Este terrorífico modo de pensar cunde por todos los sitios, no sólo en las ciudades, también en el campo.

Pues, si nadie se atreve a levantar la voz, por lo menos lo hace la Iglesia católica, para defender aquellas vidas inocentes a las cuales se les cierra la entrada a este mundo. Si la Iglesia no hubiese promovido siempre la vida, no tendríamos a San Francisco Javier, hijo séptimo de sus padres. No tendríamos a Santa Teresita de Lisieux, la novena de la familia. No tendríamos a San Ignacio de Loyola, que fue el hijo decimotercero. Y no tendríamos a Santa Catalina, la vigésima quinta. Y se podrían citar muchos más casos.

Siempre ha habido padres egoístas, pero nunca en proporciones tan asombrosas como en la actualidad. Nunca se ha difundido este pecado con tan cínica propaganda. Nunca con tanta despreocupación y tan refinada maldad.

Me objetarán algunos: «Se ve que no conoce usted la vida real. No hay trabajo. Las casas son carísimas. ¡Todo está tan caro! A duras penas podemos vivir los dos; ¿qué haríamos, pues, si fuésemos cinco o seis en casa?»

He de confesar que tienes razón en algunas cosas. Bien sé cuánto cuesta vivir hoy. Y conozco los departamentos pequeños en que la gente vive hacinada. También sé cuánto cuesta la alimentación y el vestido. Y si yo fuera legislador, ordenaría que el padre de numerosa familia pagara menos contribución y recibiera más ayudas, y que en las ofertas de trabajo, que de alguna manera fuesen favorecidos en primer lugar, y prohibiría oficialmente los anuncios en que «se busca un matrimonio sin hijos». Sí, todo esto haría...

Pero también tengo que añadir: A pesar de todo, el mandato es claro y categórico. La Iglesia insiste y ha de insistir. Porque el Señor no promulgó el quinto mandamiento en esta forma: «No matarás, a no ser que no tengas casa.» Ni dio el sexto de esta manera: «No fornicarás, a no ser que seas pobre.» ¡No! En el Decálogo no hay condiciones. La forma de la ley es absoluta: "¡No matarás!» «¡No fornicarás!»

«Pero ¿y si somos muy pobres? ¿Y si la mujer es enfermiza?» Y ¿no crees que el Señor Dios, que envía el niño, le dará también el pan de cada día? «¿Que la mujer es enfermiza?» Y ¿no es mejor que padecer la muerte del alma que se produce por el pecado de rebelarse contra la voluntad de Dios? Y si realmente ya no es posible educar más hijos, entonces hay esta solución: la continencia en el matrimonio, por lo menos en los días fértiles del periodo de la mujer. ¿Es muy difícil? Sí, lo es. Pero la Iglesia no puede ceder. Y aunque se quedara a solas con su opinión en el mundo actual, que camina cabeza abajo, aun entonces abogaría a voz en grito por la pureza del matrimonio: aun entonces protegería a los inocentes niños no nacidos todavía, porque Cristo es Rey también de los más pequeños.

Aunque perdiera con este proceder muchas almas tibias, contaminadas, seguiría abogando por la buena causa, sabiendo que no sólo defiende con ello las leyes de Dios, sino también los intereses de la humanidad.

Y seamos sinceros: en la mayoría de los casos, donde más se huye de los hijos no es precisamente en las familias más pobres.

¿Qué familias suelen ser las más numerosas? Justamente las familias más modestas, las más pobres. En cambio, ¿dónde hay sólo un hijo, o ni siquiera uno? Entre la gente rica y acomodada. Si tuvieran muchos hijos, ¿no podrían darles de comer? ¡Oh!, ¡y con gran abundancia! Pan y leche no les faltarían. Pero los muchos hijos estorbarían sus vacaciones, sus diversiones, su bienestar.

¡Madres! ¿Habéis pensado en «el día de la ira», cuando los niños que no pudieron nacer levanten sus manecitas para acusaros? ¡Acusaros a vosotras ante el trono de Dios!

Madres, madres que no queréis más que un hijo, ¡cuidado!

¿Qué será si Dios os quita el hijo único? ¿Qué será cuando, con los ojos arrasados de lágrimas, con el alma quebrantada, volváis del cementerio y estalléis en quejas contra Dios, porque ha permitido tan cruel desgracia?

CAPÍTULO XI

CRISTO, REY DE LOS JÓVENES

Cristo es también Rey de la juventud.

Pero, ¿cómo debemos afianzar y consolidar en el alma de nuestra juventud el reinado de Cristo?

No cabe duda que las clases de religión en la escuela pueden ser un excelente medio para educar en este sentido a los jóvenes..., pero no lo olvidemos, la principal responsabilidad la tienen los padres.

A los padres preocupados por el desarrollo espiritual de sus hijos, no se les puede dar mejor consejo que éste: ¡Educad con Cristo! No sólo con promesas y amenazas; no sólo con premios y castigos, sino principalmente con Cristo, con el amor de Cristo. Al niño que a la edad de tres o cuatro años aprendió a amar fervorosamente a Cristo; al niño que a la edad de siete años recibió el Cuerpo Sacratísimo del Señor y después sigue comulgando con frecuencia, a este niño no habrá que regañarle muchas veces, pegarle ni prometerle regalitos; bastará con que su madre le diga: Hijo mío, Jesús quiere esto de ti, Jesús no quiere que hagas esto otro...

¡Feliz el niño a quien su madre le hable, como le hablaba Blanca a su hijo San Luis, rey de Francia: «Hijo mío, prefiero verte muerto antes que cometas un pecado mortal»! Estas palabras le produjeron tal impresión, que las recordaría toda su vida con mucho provecho para su alma.

Feliz el joven a quien su padre le dice lo que dijo a su hijo el anciano Tobías: «Escucha, hijo mío, las palabras de mi boca y asiéntalas en tu corazón como un cimiento... Honrarás a tu madre todos los días de su vida... Ten a Dios en tu mente todos los días de tu existencia; y guárdate de consentir jamás pecado, ni de quebrantar los mandamientos del

Señor Dios nuestro. Haz limosna de aquello que tengas...; sé caritativo según tus posibilidades. Si tuvieres mucho, da con abundancia; si poco, procura dar de buena gana aun de este poco que tengas... Guárdate de toda fornicación... No permitas jamás que la soberbia domine en tu corazón o en tus palabras... Alaba al Señor en todo tiempo; y pídele que dirija tus pasos, y que estén fundadas en Él todas tus deliberaciones» (Tobías 4).

Sí, Nuestro Señor Jesucristo es el mejor educador, porque es el que mejor conoce el corazón humano, porque nos predica con su ejemplo y nos da las fuerzas para hacer el bien.

¡Dar fuerzas para el bien! De esto depende el resultado de la educación. Porque se pueden escribir libros excelentes sobre la moral y los valores, mostrando lo hermosos que son y qué necesarios; pero para vivirlos... se necesita algo más que un bello tratado, se necesita la fuerza sobrenatural de la gracia. Hace ya unos veinte años que me dedico a la juventud. ¡Cuántas veces he podido ver los tropiezos de los jóvenes educados sin religión!

¡Cuántos de sus esfuerzos fueron infructuosos!... ¡Pero cuando al fin se encontraron con Cristo, se agarraron a Él, esto fue lo que los salvó! Sí, he de decirlo sin ambages: el que educa sin valerse de la oración, el que educa sin servirse de la confesión, el que educa sin valerse de la comunión, el que educa sin Cristo, no será al final más que un inútil chapucero.

¡Padres, no os interpongáis entre Cristo y el alma joven! No os asustéis si vuestro hijo o vuestra hija van se confiesan y comulgan con frecuencia; no digáis que son demasiado buenos, que son unos exagerados...

Si tanto vale Cristo para las almas jóvenes, si Él es el brillo de sus ojos, su fuerza, su hermosura, su resistencia en los momentos de tentación, entonces hemos de pedir encarecidamente a todos, padres y educadores, profesores y jueces, intelectuales y políticos, a todos los que tengan voz y voto para influir en la opinión pública, que no permitan que se elimine a Cristo de la escuelas, que no permitan que se saque a Cristo de los hogares.

¿Quién se lo puede sacar?, ¿quién es capaz de robárselo?

Se lo roban los padres que no rezan, los padres que delante de los jóvenes hablan sin medir el peso de sus palabras, blasfemando o sosteniendo conversaciones licenciosas; los padres que confían la educación de sus hijos a cualquiera, sin preocuparse de si es realmente católica...

«Los hijos hoy día no obedecen a sus padres», oímos con frecuencia. Pero los padres, ¿obedecen a Dios? ¿Qué es la autoridad paterna? Un reflejo de la autoridad de Dios. ¿Cómo va a cumplir el hijo el cuarto mandamiento si los padres no cumplen los diez? Los jóvenes no son tontos, ellos se fijan más en el ejemplo que en las palabras. ¡Observan a sus padres constantemente! Se dan perfectamente cuenta de que sus padres no van a la iglesia o que no se confiesan desde hace años. La indiferencia religiosa de los padres se contagia a los hijos con enorme facilidad. ¡Padres! No permitáis que por vuestra causa vuestros hijos se alejen de Cristo.

Se lo roban los amigos, las lecturas, las películas, los anuncios... Es terrible ver cómo las imágenes obscenas y pornográficas lo invaden todo y da al traste con la limpieza de las almas de los jóvenes...

La ley defiende los árboles en la calle, la ley defiende los bancos públicos, los postes de la electricidad, las aceras, los restos arqueológicos; pero no hay leyes que defiendan la pureza del alma joven. Se pueden exhibir en los cines las mayores inmoralidades; y las autoridades se inhiben de prohibirlo. Y, sin embargo, si tenemos prisión para el traidor que entrega al enemigo una fortaleza, hemos de tenerlo también para los que corrompen con astucia el alma de los jóvenes.

¡Qué pena da ver cómo muchos excelentes esfuerzos educativos de años se van al traste por una lectura obscena o por una película inmoral!

Mientras permitamos, sin decir palabra, que nuestra juventud se degrade moralmente, serán vanas todas las reformas educativas que quieran hacerse. Mientras permitamos que los mercaderes desalmados de la inmoralidad trafiquen con la pureza de los jóvenes, poco lograremos hacer.

Recuerda que Dios colocó un ángel a la puerta del Paraíso y puso en su mano una espada de fuego. No dejes entrar aquí a nadie —le dijo.

El alma del hijo es este Paraíso. Dios colocó al padre a la puerta del mismo: Toma una espada ardiente en tu mano —le dijo—, y no dejes entrar lo que no debe entrar.

¡Padres! Educad a vuestros hijos en la virtud. Desarrollad en ellos todo deseo de lo bello y de lo noble. Educadlos para que sean valientes, amantes de la verdad, cumplidores de sus promesas; en una palabra..., para que sean hombres.

Necesitamos una juventud que no busque su satisfacción en los bajos instintos, sino en las nobles y grandes empresas, en los altos ideales.

Una juventud de voluntad firme y con ánimo de trabajar.

Una juventud dispuesta a defender su integridad moral, que deseche toda inmundicia.

Una juventud que rebose de esperanza, de mirada limpia y alegre, rebosante de vida... ¡una juventud que tenga por Rey a Cristo!

CAPÍTULO XII

CRISTO, REY DE LA FAMILIA (I)

LAS BODAS DE CANÁ

Cristo es Rey de la vida familiar, el único capaz de renovar la vida de familia, tan atacada y ultrajada en la actualidad. A cada momento vemos y experimentamos cómo la vida de familia cruje en sus cimientos y amenaza con derrumbarse.

Todos sentimos que la sociedad está enferma. Se dictan muchas leyes para sanearla. Bien está; pero todo esto, no es más que una venda para la llaga sangrante. Hay que ir a la causa: el desmoronamiento de la vida familiar.

Hay quienes creen que lo importante es sanear el Parlamento, el Congreso..., la empresa, la educación..., los medios de comunicación social... Sí, todo esto es importante, es verdad, pero no lo fundamental. ¿En dónde estriba el porvenir de la humanidad?

¡En la familia! Ella es la salvaguarda de la vida social, del Estado y de la religión. Y precisamente, porque la enfermedad atacó a la vida familiar, por esto abruma y espanta sobremanera lo mal que está la sociedad actual.

Si quisiéramos resumir en tres palabras las cosas que aseguran la felicidad de la vida familiar, escogeríamos estas tres: fe, armonía y fidelidad.

En un pueblecito de Galilea, llamado Caná, contrae matrimonio una pareja joven y desconocida, e invita para tan importante acto a Nuestro Señor Jesucristo. Él acepta la invitación y con gusto asiste a las bodas, llevando consigo a su Madre y a sus apóstoles. Para sacar de apuro a los novios obra su primer milagro... Tal es en sustancia la sencilla y encantadora historia...

¡Pero qué profundas enseñanzas se esconden bajo tan sencillas apariencias!

Una pareja de novios quieren contraer matrimonio, e invita a su boda a Nuestro Señor Jesucristo.

Podíamos preguntarnos, los novios de hoy, ¿cuándo cometen el primer error que después tendrá serias consecuencias negativas para su matrimonio? Cuando invitan a su boda a sus familiares, a los conocidos, a los compañeros de oficina, a los amigos, a todos..., menos a Jesucristo. Es el Señor el único de quién se olvidan.

Aquí estriba el principal mal de muchos matrimonios actuales: que prescinden de Jesús.

Y al decir esto no pienso en aquellos que sólo han contraído un matrimonio civil, ni pienso en los que se divorcian e intentan casarse de nuevo.

Esta forma de actuar, entre cristianos, es realmente incomprensible. No se puede comprender cómo un cristiano se atreve a formar una nueva familia sin haber implorado, antes de tomar una decisión tan importante, la gracia del Señor. Dice un refrán: «¿Emprendes una peregrinación? Reza una oración. ¿Te embarcas? Reza dos. ¿Te casas? Reza cien.»

Atención: No seamos ingenuos. La vida matrimonial está llena de sacrificios y responsabilidades. ¿Cómo asegurar que podré sobrellevarlos? Recurriendo a la gracia sobrenatural que nos ha merecido Nuestro Señor Jesucristo. El sacrificio de Cristo en la santa misa, por amor a la Iglesia, es una llamada de atención a los recién casados de que ellos también tienen que entregar la vida y sacrificarse por amor mutuo y por el bien de la familia que han formado. Por estos motivos, Jesucristo elevó el matrimonio a la categoría de sacramento, para que del altar brote una nueva vida de familia, y también la gracia copiosa que para ella se necesita.

Porque únicamente con el auxilio de la divina gracia se puede garantizar una fidelidad matrimonial hasta la muerte. Bien es verdad que al momento de casarse los dos corazones vibran con vehemencia por la fuerza del enamoramiento mutuo, pero la llama de la pasión más ardiente acaba por extinguirse con el tiempo; y, sin embargo, la fidelidad y el amor nunca deben apagarse en la vida conyugal. No se apagarán si el matrimonio se asienta sobre un fundamento seguro, sobre el amor inconmensurable del amor de Jesucristo, Dios y Hombre verdadero, que se entregó por nosotros hasta dar toda su sangre, amor fiel hasta el final.

Pero para que un matrimonio sea cristiano, no basta que exteriormente lo sea. Puede ser que la boda sea de gran fastuosidad y suntuosidad exterior, con una entrada brillante en la iglesia, mientras se toca la marcha nupcial de Mendelson..., y, con todo, contraerse el matrimonio cristiano sin darse cuenta los novios realmente de lo que significa: un camino para santificación al que Dios les llama. Porque puede haber católicos que consideran el matrimonio con los mismos criterios paganos que tienen del matrimonio civil los que no tienen fe. No como un vínculo sagrado sino como un simple contrato en el que «doy para recibir». No como una vocación para dar mucha gloria a Dios, sino como una unión provisional «mientras nos llevemos bien». No como un compromiso definitivo a amarse mutuamente y guardarse fidelidad hasta la muerte, sino como una forma de convivir y disfrutar de compañía. No con la intención de formar una nueva familia en la que la llegada de cada hijo sea una bendición de Dios, sino todo lo contrario: con la intención de tener los menos hijos posibles, e incluso ninguno. Es la mentalidad pagana de los que piensan que tener muchos hijos es de idiotas, y no estar al tanto de cómo va el mundo... No se pide como Raquel: «Dame hijos, o si no me muero» (Génesis 30,1).

Para la Iglesia el matrimonio católico es algo muy serio y sublime. a) Representa nada menos que la relación de amor que existe entre Cristo y su Iglesia; b) Es una vocación para formar la Iglesia doméstica, en la que los esposos se santifican ayudándose;

c) Es una participación en la obra creadora de Dios. Algo muy por encima la simple biología y del simple contrato natural...

El Señor quiere que los esposos participen en la procreación de nuevos seres humanos, llamados a ser hijos de Dios en este mundo y en la eternidad. Por eso la elección del esposo o la esposa debe hacerse, no basándose tanto en la hermosura o la fortuna, cosas de segunda importancia, sino en si este joven será un buen esposo y padre, o esta joven será una buena esposa y madre, con quien compartir la vida y aspirar a la santidad.

Es verdad que el hombre no puede vivir del aire; y no está mal que los novios consideren si se dan las condiciones económicas adecuadas que garanticen mínimamente el porvenir... Pero lo económico no debe ponerse en primer lugar, dándole preferencia sobre los valores espirituales.

Por el contrario, la concepción pagana del matrimonio considera a los hijos como un estorbo, no una bendición de Dios, y por eso pone todos los obstáculos posibles para que nazcan.

Convenzámonos, en el matrimonio contraído sin Cristo no garantiza una felicidad duradera, y menos la fidelidad hasta la muerte. No es de extrañar que haya luego tantos divorcios y rupturas de la vida familiar.

Si los esposos no llevan una vida de piedad, si no dedican cada día un tiempo a la oración, es imposible que Cristo sea el centro del hogar.

Sólo cuando el Corazón de Jesús preside el centro del hogar, cuando Cristo es el Rey de la familia, la fe se mantiene, hay alegría en los corazones, felicidad en medio de las pruebas... Porque Cristo debe santificar toda la vida de familia: quehaceres conversaciones, diversiones. De esta forma el hogar será un anticipo del cielo; y cuando haya muchos cielos así, la sociedad empezará a mejorar.

Cristo salvará a la familia, si la familia le acepta por Rey.

CAPÍTULO XIII

CRISTO, REY DE LA FAMILIA (II)

NAZARET

«Es forzoso que haya escándalos», dijo en cierta ocasión el Señor; pero cuando el escándalo se vuelve cotidiano, una costumbre, que atenaza a miles de familias, es la señal aterradora del desmoronamiento de la sociedad. Porque no hemos de olvidar que los pueblos están formado de familias y perecen también con las familias.

Y no sería tan grave la cosa si no viéramos el mal sino en las familias descreídas, que se ufanan de ser agnósticas y no tener fe. Al fin y al cabo, podríamos decir: no les queda otra. Pero lo grave es que este mal afecte también a las familias cristianas; jóvenes que van al matrimonio sin amarse, llevados sólo por la pasión, esposos que no se guardan fidelidad y que no quieren tener hijos, o no los educan, si los tienen, como deberían hacerlo...

No hay problema más angustioso que la crisis de la vida familiar.

Y, sin embargo, el Padre se lo dio «todo» a Cristo. Pero si

«todo» se lo dio, entonces pertenece a Cristo también la familia. En la familia nace la vida, tanto corporal como espiritual; en la familia se desarrolla tanto la vida moral y religiosa, como la inmoral y degradada. Todo depende de la familia. Del seno de la familia salen los hombres honrados, trabajadores, limpios de corazón..., y de allí también salen los criminales, los descreídos, los holgazanes, los corruptos...

¡Es terrible ver como se desmoronan muchas familias!

¿Dónde encontrar remedio? ¿Dónde? En Nazaret, en la vida de la Sagrada Familia.

El Hijo de Dios vivió oculto treinta años en un hogar; de los treinta y tres años de su vida mortal, pasó treinta en la casa de sus padres.

¿Qué nos está indicando con tal ejemplo? Es la mejor predicación para los hombres de hoy: ¡Hombres, quedaos en vuestra casa!

Jesucristo pasó treinta años en Nazaret: Padres, madres, jóvenes..., gustemos y amemos la vida de familia.

Es lo que nos enseña Jesús, San José y la Virgen Santísima.

Madres, esposas, habéis de hacer lo posible para que el hogar sea realmente cálido y acogedor, y así no tendrán que abandonarlo el esposo y los hijos tentados por el café, el bar, las fiestas...

¡Casita santa de Nazaret! ¡Hogar rebosante de dicha y felicidad!

Si el esposo y la esposa viven realmente una vida de unión con Dios, si Cristo es el Rey de la familia, habrá felicidad en el hogar.

A veces el padre de familia tiene una casita hermosa, aunque sea modesta; unos hijos sanos, algo traviesos; un sueldo suficiente, pero que no alcanza para cosas superfluas..., lo suficiente para llevar una vida digna. Pero no repara en ello, y busca la felicidad en otros sitios: diversiones, juergas con los compañeros, alcohol... Lo prueba todo durante años, persiguiendo una felicidad que nunca llega. Pero en vano... Hasta que por fin, a veces demasiado tarde, la encuentra en la propia casa, en el propio hogar.

¡La felicidad de la vida familiar tenemos que descubrirla! Esta brilla en los ojos del niño, en el primer balbuceo de sus labios, cuando dice: «Papá, mamá...»; cuando ensaya el primer paso..., cuando salta de gozo ante el portal de

Belén..., cuando junta sus manitas para rezar con su madre..., cuando recita una poesía en el cumpleaños del padre..., cuando cuenta sus impresiones del primer día de clase..., su primera comunión..., al acabar sus estudios universitarios..., cuando se casa y forma un nuevo hogar...

«¡Pero tú no conoces la vida! —se me dirá tal vez—. Sí, hay pequeños momentos de felicidad, pero son muchos más los sufrimientos que nos toca pasar»

Sí, también los hay. Y a veces tienen la culpa los mismos esposos —celos, riñas más o menos graves, egoísmos, caprichos, gastos superfluos...—; no pueden achacarse a la mala suerte, son cosas que podrían haberse evitado. En estos casos podemos aplicarnos la respuesta que le dio Jesucristo a Pedro: Me preguntas: ¿cuántas veces debes perdonar al hermano cuando pecare contra ti? ¿Hasta siete veces? No te digo Yo siete veces, sino hasta setenta veces siete (Mt 18,22).

En el matrimonio hay días serenos y días de tempestad; pero si Cristo lo bendijo, entonces no podrán destruirlo los huracanes más furiosos.

También hay sufrimientos que no podemos evitar: enfermedades, desgracias inesperadas, contratiempos, muertes de seres queridos; pero tienen una fe profunda en Dios Padre siempre podrán encontrar el consuelo oportuno y recobrar la paz.

¿Y si falta la fe?

Entonces es caso perdido. Velar a la cabecera del hijo que agoniza, sin tener fe; ver morir al esposo, sin tener fe; sufrir los pequeños y grandes martirios de la vida, sin tener fe... es el infierno en la tierra.

El que no tiene una fe viva, le falta lo fundamental, algo que no se puede sustituir con nada. El que no tiene fe, difícilmente vencer su egoísmo y amar a sus familiares, ser comprensivo con ellos... entonces, es lógico que no sea feliz en su hogar.

Así se comprende por qué la Iglesia está en contra de los matrimonios mixtos, entre dos personas de diferente religión, donde no puede haber una unión completa de espíritu, o sólo se logra a duras penas.

Son muchas los reproches que se le hacen a la Iglesia católica por este motivo. Se acusa a la Iglesia católica de «intolerante», que «desprecia a los de otra religión», que «no tiene compasión»... Y sin embargo, si lo pensamos con serenidad, comprenderemos que la Iglesia no puede proceder de otra manera.

Examinémoslo con calma: ¿por qué la Iglesia está en contra del matrimonio mixto? 1.º Por el bien de los mismos esposos, y 2.º Por el bien de los hijos.

Los esposos han de vivir en armonía, compartir un mismo espíritu, tener un mismo ideal. El matrimonio ha de rechazar la ecuación matemática 2 = 2; el matrimonio ha de decir 2 = 1; es, a saber, hay dos personas, pero tienen un solo corazón, una sola voluntad, un solo deseo, un solo ideal. Como alguno ha dicho: dos corazones, pero un «latir al unísono».

Esta concordia o armonía perfecta es punto menos que imposible en el matrimonio mixto.

Difícilmente podrá reinar la armonía perfecta si el esposo es profesor de Universidad y la esposa analfabeta; si la condesita se casa con un labriego; si la diferencia de edad entre los dos es muy marcada... Todos estos matrimonios son peligrosos. Porque si difieren mucho en la posición social, en la cultura, en la edad, entonces difícilmente podrán llegar a tener una misma alma, a una compenetración de corazones. Pero la Iglesia no pone mano en este asunto, no prohíbe tales matrimonios; porque en ellos la armonía, aunque difícil, no es imposible; y un espíritu de benevolencia y el amor cristiano pueden tender un puente sobre las diferencias. En cambio, si los esposos discrepan en la cuestión capital, en la religión, tal hecho suele ser un obstáculo tan grande para la unión de los espíritus, que resulta imposible casi suprimir las diferencias; de suerte que la Iglesia se ve obligada a declarar como impedimento del matrimonio la diferencia de religión.

Enfocando así la cuestión, ¿encontraríamos en la posición de la Iglesia algún motivo de ofensa, de intolerancia, de desprecio para con los fieles de otra religión?

He de amar a mi esposa... entregándome completamente a ella; he de amar a Dios... también del todo, sin reservas. Pero si no tenemos la misma religión, esto resulta casi imposible. O no amaré por completo a mi esposa, o no amaré mi fe. A la vista salta la gran dificultad de salvar tales escollos.

La Iglesia obra con tino al prohibir el matrimonio mixto, y entre otras razones lo hace por el temor de que los esposos no puedan llegar a una perfecta armonía.

¿Por qué es tan difícil esta concordia?

Empecemos por el concepto del matrimonio. La parte católica sabe, por la fe, que el matrimonio es una cosa sublime y santa, uno de los sacramentos instituidos por Nuestro Señor Jesucristo. ¿Y la parte no católica? Cree, con Lutero, que el matrimonio es una cosa meramente civil, o con Calvino, que el matrimonio está tan lejos de la dignidad del sacramento como la agricultura o como el oficio de barbero.

El católico sigue la palabra del Señor: «Lo que Dios ha unido, no lo separe el hombre» (Mt 19,6; Mc 10,9); es decir, el católico confiesa que el matrimonio es indisoluble. El no católico, sin embargo, cree que se puede disolver. Y si lo dicta así el estado de ánimo o el interés, dejará plantada a la parte católica. En el matrimonio mixto la parte católica es la que más arriesga, porque la otra puede, según su sentir, contraer un nuevo matrimonio, mientras que la parte católica sabe que está ligada para toda la vida.

Tampoco concuerdan en las cuestiones más importantes que atañen al modo de enfocar sus vidas. Esposo y esposa han de ayudarse y amarse. Pero ¿cómo será esto posible si en las cuestiones más importantes hay entre ellos una sima infranqueable? El esposo católico no quiere comer carne los viernes; el no católico, en cambio, la exige. El católico quiere rezar el Avemaría; el no católico, en cambio, no consiente en tal «idolatría».

¡El católico quiere ir a confesarse; el otro se ríe de esta «superstición»! Van juntos por la vida, juntos se les ve en la calle, en las diversiones...; pero cuando llegan a la puerta de la iglesia, justamente en aquel punto han de separarse: lo que es santo para una de las partes, sirve de motivo de risa a la otra; lo que es fiesta para ésta, es día laborable para aquélla.

«No, pero no es así —se me objeta—. El hombre educado y afable no zahiere nunca la convicción religiosa de otra persona. Pueden vivir bien y ser felices, sin criticar uno la religión del otro...»

No digo que no. Realmente, hay casos de esposos educados, afables, que evitan delicadamente en sus palabras toda alusión a la diferencia que los separa.

Pero ¿podemos considerar tal estado de cosas como ideal? Cuando por amor a la paz se han de acallar los sentimientos más íntimos, cuando toda la vida tienen que renunciar a compartir sus convicciones más profundas, ¿se pueden cantar albricias? Además, si los esposos no pueden dar expansión a sus convicciones religiosas, si continuamente han de reprimirse en los ejercicios de piedad por temor de zaherir al otro, ¿cuál será el desenlace? Con harta frecuencia se repite en los matrimonios mixtos este caso: ambas partes se enfrían respecto a su propia religión, y terminan por ser ni fríos ni calientes, ni carne ni pescado, ni católicos ni protestantes, sino dos personas que han perdido, cada cual, la certeza de su fe.

Otro motivo tiene aún la Iglesia para condenar los matrimonios mixtos, aun en los casos en que se prometa que todos los hijos serán católicos. ¿Cuál es este otro motivo? La educación de los hijos.

Porque si lo mismos esposos sufren las consecuencias de no tener las mismas convicciones en punto a religión, mucho más las sentirán los hijos que nazcan del matrimonio mixto. Subrayo: ¡aun puesto caso que todos los hijos hayan de ser católicos!

Supongamos el primer caso: los educa el padre en la fe católica. Cuanto más profunda sea la religiosidad de los niños, tanto más aprisa brotará de sus labios la triste pregunta, cuando, por ejemplo, su madre se despida de ellos a la puerta de la Iglesia:

«Mamá, y tú, ¿por qué no entras?»

Y aun es más frecuente este otro caso. El niño recibe dos educaciones distintas a la vez: una católica, no católica la otra, opuestas entre sí. ¿Cuál es la consecuencia? La educación católica y la no católica —ambas tibias— se mezclan... y resulta una completa indiferencia religiosa.

¿No lo crees, lector?

Un matrimonio ya entrado en años, muy agradables por cierto, vivía en una pequeña casa con jardín... A la mujer se le ocurre un día de primavera: «A mi viejecito le gustan mucho las habichuelas; le daré una sorpresa, sembraré habichuelas en todo el jardín...

¡Cuánto se alegrará!» Y así lo hizo.

El esposo, por otra parte, pensó: «Aquí está el jardín sin rendimiento alguno...; sembraré guisantes..., es el plato predilecto de mi viejecita...» Y también puso por obra su proyecto.

Después de algunos días va la mujer al jardín y mira con curiosidad si salen ya las habichuelas. «Algo verde saca la cabeza por aquí...; a ver, a ver...; ¿son habichuelas?...; será una mala hierba..., y con esmero la arrancó toda.

No pasa mucho tiempo sin que el hombre vaya también a hurtadillas al jardín para ver si sacan ya la cabeza los guisantes. "¡Algo hay aquí, pero no son guisantes!...», y también él arrancó la planta que le parecía «mala hierba».

¡Y el bueno del matrimonio puede esperar… y esperar aun hoy… la cosecha!

¿Es necesario aplicar el cuento al matrimonio mixto y defender el criterio de la Iglesia? ¡Si los mismos protestantes serios lo comprenden y lo aceptan!

Cuando el caso es grave, para evitar mayores males, la Iglesia concede la dispensa del impedimento, permite el matrimonio mixto; y entonces impone la condición de que todos los hijos sean católicos. El que no quiere aceptar esta condición ni hacer la promesa formal de cumplirla, no puede lícitamente casarse; y si va a recibir la bendición nupcial en un templo no católico, entonces la Iglesia le excomulga, le excluye del número de sus hijos.

«Esto es demasiado —contestará alguno—, es una crueldad.»

No lo es. Porque si creo que la religión católica es la verdadera, entonces no puedo ceder ni uno de mis hijos a otra religión. En la historia de Salomón, la falsa madre habría dado la mitad del niño a la otra; no así la verdadera. Y tal es la Iglesia.

«Pero la excomunión, ¿no es una crueldad? ¡No puedo ir a confesarme, ni puedo ser enterrado según mi religión!»

—¡Ah!, pero ¿quién empezó? ¿No abandonaste tú la religión?,

¿no entraste en un templo no católico?, ¿no cediste tus hijos y tus nietos y todos sus descendientes a otra religión? ¿Te parece cruel para tan grave proceder el castigo de la Iglesia? ¿No puedes ir a confesarte? ¿Y te duele? ¿Y no te duele el haber entregado tu hijo a otra religión, en que ni él, ni sus hijos, ni sus nietos, ni ninguno de sus remotos descendientes podrán ir a confesarse? ¿Que no te enterrará el sacerdote católico? ¿Y te parece demasiado? Tampoco enterrará a tu hijo… y tú tienes la culpa.

No es por crueldad ni por odio a las otras religiones la razón porque la Iglesia da esta nota de firmeza y severidad; es que el permiso sin condiciones sería una claudicación inadmisible, y aun con los previos y debidos requisitos, la Iglesia lo concede de mal grado, porque sabe, por triste experiencia, cuál suele ser el desenlace.

La Iglesia ha perdido ya millares de hijos a consecuencia del matrimonio mixto; y son aún más las almas que se han entibiado; por esto se pone en guardia, y evita en cuanto puede la causa de tanto mal.

«Pero ¿por qué, si todos los hijos son católicos? ¡Ah!, ¡qué digno de compasión es el niño cuya madre no es católica! No quiero rebajarla a ella, Dios me libre. Si profundamente cree y cumple su religión, la respeto; puede ser madre ideal en muchos conceptos; pero hay un punto en que no puede serlo: en la oración; esta madre no puede rezar con su hijo.

* * *

En las grandes ciudades brillan por la noche las pequeñas lucecitas de los hogares santos. Y brillan también los carteles luminosos y tentadores de la calle, de los cafés, de los bares, de los cines, de las salas de fiesta. ¿Y sabes cuál es puede ser la perdición de la humanidad moderna? Que las pequeñas lucecitas del hogar sean vencidas por los reclamos que brillan en la calle, y que seducen al hombre haciendo que abandone el hogar.

Salvemos la vida de familia, invitemos al Redentor, a Cristo, y así habremos encontrado la única medicina eficaz para nuestro mal.

¿Qué medicina? Esta: hacer del hogar un paraíso. Nuestros primeros padres tuvieron por casa el Paraíso; los esposos de hoy que amen a Cristo harán un paraíso de su hogar.

Y el día en que el hogar sea un paraíso, sanará nuestro mundo enfermo.

CAPÍTULO XIV

CRISTO, REY DE LA FAMILIA (III)

LA FIDELIDAD CONYUGAL

A causa de la guerra de Troya, Ulises tuvo que estar lejos de su casa durante veinte años. Y durante todo este tiempo su esposa, Penélope, sufrió el asedio que le hicieron ciento ocho pretendientes. Y para librarse de ellos, les puso esta condición:

«Cuando acabe de tejer esta tela me decidiré por uno de ustedes.» Y durante el día, a la vista de los pretendientes, trabajaba pacientemente, tejía sin cesar; mas por la noche deshacía todo cuanto tejiera durante el día. De esta manera, pudo ganar tiempo hasta volviera su esposo, pasados veinte años.

Todo un ejemplo de fidelidad matrimonial, de amor verdadero.

¿Qué se requiere sobre todo para mantener la fidelidad matrimonial?

En primer lugar, que los esposos estén firmemente decididos a guardar los mandamientos de Dios. En una familia así, podrá haber discrepancias de pareceres y leves roces — ¡siempre los habrá, pues somos hombres!—, pero por encima de todo reinará la paz, porque habrá amor abnegado y perdón magnánimo, no se darán altercados graves ni se guardarán rencores.

«Los maridos deben amar a sus mujeres como a sus propios cuerpos» (Ef 5,28), es decir, amarla como a sí mismo.

«Maridos, amad a vuestras mujeres, y no las tratéis con aspereza» (Col 3,19). Ella te la ha dado Dios como una compañera, no como una esclava.

«Las casadas estén sujetas a sus maridos como al Señor; por cuanto el hombre es cabeza de la mujer, así como Cristo es cabeza de la Iglesia (Ef 5,22-23).

Pero la guarda de los mandamientos de Dios, y por tanto, la fidelidad, no se improvisan, deben vivirse ya antes del matrimonio. Ello exige amor a Dios, dominio de las propias pasiones, abnegación y espíritu de sacrificio. De ahí la importancia de educar a los jóvenes en este aspecto.

La experiencia nos dice que en la mayoría de los casos, cuando se dan serias divergencias entre los esposos, es sencillamente porque no se tratan con delicadeza y dulzura, porque no son comprensivos el uno para el otro y no saben perdonarse mutuamente sus imperfecciones y diferencias. Eduquemos, pues, a los jóvenes desde pequeños, para que sepan comprender y tolerar las debilidades y defectos ajenos. Eduquémosles de suerte que no se acostumbren a decir siempre: «ha sido él el que ha empezado»,

«es él quien tiene la culpa»; sino que sepan confesar sencillamente: la culpa es mía. Eduquémosles para que no esperen a que el otro se enmiende primero, sino que procuren pedir perdón ellos primero. Eduquémosles para que estén siempre dispuestos a buscar, no sus propios intereses, sino los de los demás.

Bien se comprende que dos jóvenes así, si llegan a contraer matrimonio, vivirán en armonía y se guardarán fidelidad, porque ninguna de las dos partes buscará su propia felicidad, sino la del otro.

Muchas discusiones y riñas en la familia son debidas a que alguno de los esposos tiene un temperamento quisquilloso que no se ha sabido tener a raya, caprichoso, impaciente e irascible en extremo.

A veces el problema es causado por la mujer, que es caprichosa y vanidosa, que tiene deseos irrealizables y grandes pretensiones, por encima de sus posibilidades. Por ejemplo, en gastos de vestido y cosméticos, todo le parece poco. Sólo piensa en brillar y en llamar la atención. Y no se dan cuenta que los jóvenes buenos se fijan más en la belleza del alma que en la apariencia exterior: en que sea sencilla y abnegada, amable y simpática.... Por esto, hay que educar a las muchachas especialmente para que sean modestas, y sencillas.

Hay también que educar a los jóvenes para que sean tengan paciencia y sepan sobreponerse a sus estados de ánimo, a sus sentimientos, sin darles la importancia que no tienen.

Cuenta la historia que en cierta ocasión, Xantipa empezó a regañar a su esposo Sócrates desde muy temprano...; no paraban de caer rayos y truenos sobre él. Por fin, Sócrates, cansado de tanta regañina salió de casa. Y su mujer, enfurecida, le arrojó desde la ventana una jofaina de agua sobre la cabeza. Sócrates se detuvo, volvió la mirada hacia arriba, y así como estaba, mojado hasta los huesos, dijo con calma: «No cabe duda, después de tronar suele llover...»

Difícilmente también los esposos serán fieles en el matrimonio, si antes no han vivido la castidad, permaneciendo vírgenes hasta el matrimonio. Por eso es importante que los padres eduquen a sus hijos en la pureza antes de que lleguen al matrimonio.

***

Cerca de Jerusalén, en Betania, vivía una familia buena; la conformaban tres hermanos: Marta, María y Lázaro. El Señor distinguió con su peculiar amistad este hogar feliz. Después de sus arduos trabajos, se iba a descansar con aquella familia, y en estas ocasiones las dos hermanas hacían cuanto podían para atenderle. La felicidad reinaba en esta familia...

¡Qué dichosa es la familia que sabe cultivar esta amistad cálida y sincera con Nuestro Señor Jesucristo! Podrá venir la desgracia de vez en cuando —¿puede haber una familia que no tenga días tristes?—, pero no se desesperan ni pierden la paz, porque en esos trances acudirán a Jesucristo para encontrar la fuerza y gracia que necesitan.

La familia de Betania sufrió también un duro golpe. ¿A dónde recurrieron entonces? A Jesucristo, el amigo de la familia. Contemplemos la escena. Lázaro se pone gravemente enfermo, Cristo está lejos. Las hermanas cuidan con temor y cariño al enfermo, cuyo estado se agrava por momentos... "¡Señor, mira, el que amas está enfermo!»; éste es el recado que mandan a Jesús. El Señor no llega —¡muchas veces parece que tampoco a mí me escucha!—. Lázaro entra en agonía; las hermanas, apesadumbradas, esperan con ansias la llegada de Jesús. No llega. Lázaro muere, y el Señor todavía no ha llegado.

¿No amaba Jesús a esta familia? ¡Oh, sí! Y, no obstante, permitió que la visitase la desgracia. Para darnos una lección: Él está enterado de lo que nos pasa, y a pesar de ello, muchas veces no nos libra del sufrimiento, porque tiene algún plan mejor para nosotros, aunque no lo entendamos. El Señor quiere que no perdamos la fe en Él, aunque nos parezca lo contrario.

CAPÍTULO XV

CRISTO, REY DE LA FAMILIA (IV)

EL DIVORCIO

¿Conocen mis lectores la historia de Catalina Jagello, esposa de un príncipe finlandés?

¿Quién era Catalina Jagello? La esposa de Juan Wasa, príncipe de Finlandia. Los suecos apresaron al príncipe y le condenaron a cárcel perpetua en Estocolmo. Catalina acudió con toda prisa a Estocolmo y le dijo al rey de Suecia: «Permítame su majestad que yo también sea encarcelada con mi esposo.»

Pero ¿qué ocurrencia es ésta? —exclamó Erich, el rey sueco

—¿Sabe que su esposo ya no verá nunca el sol?

—Lo sé, majestad.

—¿Y sabe, además, que no le tratarán como a un príncipe, sino como a un rebelde que cometió un crimen de lesa majestad?

—Lo sé. Pero libre o prisionero, inocente o culpable, Juan Wasa es mi esposo.

El rey se siente conmovido.

—Pero yo creo —le dice a Catalina— que la condena de su esposo rompe los lazos que la ataban a usted... Queda usted libre...

Por toda respuesta, Catalina se quitó del dedo el anillo de bodas, y dijo sencillamente: «Lea, majestad.»

En el anillo estaban grabadas sólo dos palabras: «Hasta la muerte». Y Catalina entró en la prisión y vivió durante diecisiete años en la cárcel al lado de su esposo, hasta que murió Erich, el rey sueco, y Juan Wasa pudo recobrar la libertad...

¡Hasta la muerte!; sólo la muerte puede separarme de él. Robusto o enfermo, rico o pobre, esbelto o enclenque, bello o feo, amable o caprichoso..., no importa; él es mi esposo y nada me separará de él..., tan sólo la muerte.

Catalina Jagello es todo un modelo de fidelidad conyugal para el mundo de hoy, en que tantas familias se destruyen por la plaga del divorcio. ¡Hasta que niveles tan bajos hemos llegado! ¡Qué poco se estima el matrimonio!

Vemos tristemente que lo que Cristo elevó a la dignidad de sacramento, lo que San Pablo califica de «misterio grande», se desdeña inicuamente. El honor y respeto por el matrimonio, ¡cuán bajo se cotiza en nuestra época! Casi hemos llegado al lastimoso estado de la decadencia de Roma, en que las mujeres presumían por el número de esposos que habían tenido.

Observemos sino lo que ocurre frecuentemente. El esposo y la esposa se pelean. Nada tiene de particular. Debilidades humanas. Pero discuten por cualquier futilidad...; y ¿el fin?... «¡pues si no te gusta, sencillamente nos divorciamos!» Sí; «¡nos divorciamos!»

Conoces a una dulce parejita. Quieren «casarse». Y, con una ingenuidad desconcertante, cuentan que él ya estuvo casado con otra y ella con otro; que aquello era inaguantable; que por eso..., sencillamente, se divorciaron, y que ahí está el documento oficial despachado por el Estado. «Sencillamente se divorciaron», y ahora quieren casarse de nuevo...

Se instala en el pueblo un nuevo vecino, o llega un nuevo empleado a la pequeña ciudad de provincia. Hace una visita al párroco, y el párroco se la devuelve. Entonces conoce el caso: dos esposas tuvo el señor; un marido tuvo la señora antes de este matrimonio...; hacen constar que están muy interesados en participar de la vida parroquial. Por lo demás, todo está en orden..., según la ley civil: «sencillamente se habían divorciado». ¡Sencillamente!...

Caminan dos muchachas de quince años por la calle y hablan con la mayor naturalidad... ¿De qué hablan? ¿de Matemáticas?

¡Ah!, no. Oye lo que se dicen: «¿Sabes?, si se tiene un esposo así..., pues, sencillamente..., mejor es divorciarse...»

¿Qué dice del divorcio Nuestro Señor Jesucristo?

No cabe la menor duda que Dios Creador instituyó el matrimonio como una alianza indisoluble entre un solo hombre y una sola mujer. En el Antiguo Testamento había el libelo de repudio; pero a la sazón el matrimonio no era sacramento, y Dios tan sólo toleraba por razones especiales tal hecho.

Pero Jesucristo elevó el matrimonio a la dignidad de sacramento y le devolvió su primigenio estado de pureza ideal, su unidad e indisolubilidad.

La ley de Moisés permitía en ciertos casos el divorcio, y por ello preguntaron los fariseos al Señor: ¿Es lícito a un hombre repudiar a su mujer por cualquier motivo? Entonces pronunció Nuestro Señor las palabras para siempre memorables: «A causa de la dureza de vuestro corazón os permitió Moisés repudiar a vuestras mujeres; mas desde el principio no fue así» (Mt 19,8). «Lo que Dios ha unido, que no lo separe el hombre» (Mt 19,6). «Así, pues, declaro que cualquiera que repudie a su mujer... y se case con otra, este tal comete adulterio; y el que se case con la divorciada, también lo comete» (Mt 19,9).

Y que así lo comprendieron los Apóstoles, lo demuestran las palabras de SAN PABLO: «Una mujer casada está ligada por la ley al marido, mientras éste vive;... por cuya razón será tenida por adúltera si, vivienda si viviendo su marido, se junta con otro hombre» (Rom 7,2,3).

¿Se puede hablar con más claridad?

Lo único que puede hacer la Iglesia en casos de profunda desavenencias entre los esposos es, en último caso, permitir a los esposos la separación, pero esto no disuelve el matrimonio de suerte que los cónyuges puedan contraer uno nuevo. «A las personas casadas, mando no yo, sino el Señor, que la mujer no se separe del marido; que si se separa, no pase a otras nupcias, o bien se reconcilie con su marido», dice San Pablo (1 Cor 7,10).

Si meditamos serenamente este criterio que sigue la Iglesia, la misma razón nos dice que no es posible proceder de otra manera. La dignidad del hombre, el bien de la sociedad y la seguridad del niño se oponen terminantemente al divorcio.

La dignidad del hombre. En el matrimonio, dos seres se entregan mutuamente, en unión tan estrecha, que no podremos concebir una más profunda. «Soy todo tuyo como tú eres toda mía», se dicen orgullosos los esposos. Pero ¿qué sería de la dignidad, del honor del hombre, si esta entrega se hiciera para cierto plazo? Si el marido puede desprenderse de su esposa como de un vestido usado, entonces el hombre se rebaja al nivel de mercancía; y si el matrimonio se disuelve a capricho, en el mundo en que triunfa la maldad, y desaparece la dignidad humana. La sociedad ha dejado de ser «sociedad humana».

Quita los aros del tonel..., y se desmoronará en pedazos. El aro de la sociedad es el matrimonio indisoluble. Si se deshace la familia, se desmorona la sociedad. No puede haber entrega completa, confianza mutua para formar una familia, si ambas partes han de temer de continuo: ¿Cuándo me abandonará el otro?

Y llegamos a uno de los puntos más tristes: ¿Qué será del niño cuyos padres se hayan divorciado? Siento estremecerse el corazón todas las veces que en mi camino me encuentro con estos pobres niños. Le sucedió este caso a un catequista. Se encontró con una antigua discípula, una muchacha de dieciséis años. Le preguntó:

—¿Qué tal? ¿Cómo estás?

—Bien, gracias.

—¿Qué novedades hay por tu casa?

—Hace tiempo que no estoy en mi casa. Como sabrás, vivía con mi madre, que se divorció y se casó de nuevo. Me llevaba bien con el padrastro. Pero mi madre se volvió a divorciar y se casó por tercera vez. Yo ya no estaba dispuesta a seguirla a la nueva casa.

—Lo mejor es que vuelvas con tu padre.

—Imposible. Mi padre se ha casado, ya tiene otros hijos y no quiere verme.

—Y ¿con quién vives ahora?

—Con una amiga. Y no sé por cuanto tiempo. —Y una lágrima se deslizó por el rostro de la pobre muchacha.

¿Has visto alguna vez un pajarito al que el viento le despojó de su nido? ¡Cómo sufre, con qué miedo mira al mundo que le rodea! Algo semejante pasa con los hijos de los divorciados. ¡Qué abandonados se sienten! ¿A quién he de buscar?, ¿a mi padre?; pero junto a él hay otra mujer. ¿A mi madre?: pero el hombre que está a su lado no es mi padre. ¡Pobres hijos, sus padres viven todavía, y, sin embargo, ellos se sienten huérfanos! ¡Qué tristes se sienten! ¡Padres —los que estáis pensando en divorciaros—, pensad en vuestros hijos!

III

Ahora sabemos lo que es el divorcio.

«Pero esto ya lo sabíamos —me objeta alguien—; los principios pueden ser muy sublimes; pero ¡la vida real es muy distinta! La vida se ríe de los principios.»

Sabemos que lo ideal es que el matrimonio sea indisoluble; está muy bien. Pero ¿y si no ha sido acertado el matrimonio?

¿También en este caso es indisoluble? Algunas veces nos encontramos con terribles situaciones. No hay sufrimiento en esta tierra, no hay infierno semejante a unos esposos que están siempre peleándose. ¿Y no podrá disolverse? Por lo menos en estos casos se habría de permitir el divorcio. Una buena mujer se casa con un hombre grosero y alcohólico; un esposo diligente y aplicado se casa con una mujer viciosa y egoísta... En estos casos la vida no es sino un infierno. ¿Y no puede disolverse el matrimonio?

Lo admitimos, se ven casos terribles en la vida. No obstante, el matrimonio es indisoluble. No se puede permitir el divorcio, no se puede romper el vínculo de manera que después sea lícito contraer otro matrimonio, porque si una vez se permitiese, pronto la ruina sería completa. Si un vestido empieza a romperse, ¿quién puede preservarlo de que se rompa por completo? Los esposos se abandonarían justamente en los momentos más críticos: cuando más lo necesitase el otro, en caso de enfermedad, en la vejez. Tenemos gran número de ejemplos: las modernas leyes civiles dan muchas facilidades para divorciarse, y he ahí, cuanto más fácil es, tanto más aumentan los divorcios. Si todos supieran que no pueden divorciarse, que han de vivir juntos hasta la muerte, entonces tendrían que aceptarse mutuamente. En cambio, permitido el divorcio, basta la más leve contrariedad para prorrumpir en la queja: «¿No te gusta? ¡Pues, si no te gusta, nos divorciamos!»

Y hay algo que no hemos de olvidar: el matrimonio es un sacramento. Los contrayentes reciben una gracia especial para ser fuertes en la dicha y en la desgracia, con tal que tengan buena voluntad; y así, con la gracia de Dios, aun los matrimonios que parece que son un desastre, que no son los suficientemente felices, se pueden sobrellevar con paciencia y comprensión.

«Pero ¿y si ya no quiero a mi cónyugue? ¿Voy a tener que sufrir toda la vida a su lado? ¿O yo no tengo derecho a la felicidad?

¿Qué será de mi vida? ¿No es una injusticia, una crueldad?...»

Es la amargura quien te dicta tales palabras; no sabes, hermano, lo que dices. Hablas como si no creyeras en la vida eterna. ¿Puede ser cruel, puede ser injusto el Señor? Bien sabía Él cuántos sufrimientos habría en el matrimonio, y, no obstante, quiso que fuese indisoluble. Nuestro Señor Jesucristo no es cruel; sólo nos pide sacrificios. Y no en este punto únicamente, sino en todos los aspectos de la vida. Quiere que suframos antes que pecar: quiere que suframos antes que renegar de nuestra fe. Algunas veces exige nuestra sangre, nuestra vida, como en el caso de los mártires; otras veces exige sufrimientos, como en el caso de los esposos que se llevan mal. Y esto no lo hace por mero capricho, ni por su propio interés, sino por el bien común, por el bien de la humanidad.

«¿El bien común? ¡Pero antes está mi propia felicidad! ¿Qué me importa la sociedad? Mi vida es lo más importante, yo quiero ser feliz.»

No tienes razón. A cada paso vemos que el individuo ha de hacer sacrificios por el bien común. ¿Eres médico?, ¿eres sacerdote? Has de atender a los enfermos contagiosos, aunque pongas en riesgo tu vida. ¿Eres soldado? Has de cumplir con tu deber, aunque pongas en peligro la vida. Hay tiempos de paz pero también hay tiempos de guerra. Lo mismo ocurre en el matrimonio.

¿Es lícito decirse bonitas palabras de amor cuando todo marcha bien, y cuando surgen desavenencias y dificultades, abandonar los buenos propósitos y «salir corriendo»?

No. El matrimonio no puede disolverse.

«¿De modo que la iglesia nunca lo disuelve? Y, sin embargo, yo tengo un conocido que se casó por segunda vez.

¿En la Iglesia? Sí: en una iglesia católica... Y ahí están el artista tal.... Y también fue disuelto su matrimonio; sólo que se necesita mucho dinero para esto...»

Con harta frecuencia se oyen tales argumentos.

Quiero hablar con sinceridad. La Iglesia no ha disuelto nunca un matrimonio válido y consumado.

«Pero el caso es que la persona de quien hablo lo logró y se casó por segunda vez...»

Sí, se casó, pero no fue disuelto su primer matrimonio, sino que la Iglesia declaró que nunca había tenido validez; no era válido porque había algún impedimento dirimente. Por lo tanto, aunque haya personas que se casan por segunda vez en la iglesia viviendo su consorte, el hecho no significa sino que el primer matrimonio no era válido. Ni un solo caso hay en toda la Historia, dos veces milenaria, de la Iglesia, en que un matrimonio válido y consumado haya sido disuelto.

***

Esta es la enseñanza de la Iglesia respecto a la indisolubilidad del matrimonio.

En la Historia se repite día tras día la escena dramática acaecida entre San Juan Bautista y Herodes.

Herodes Antipas repudió a su mujer legítima e intentó contraer matrimonio con la esposa de su hermano político, que aún vivía, con Herodías. San Juan le echó en cara al tirano la acusación:

«No te es lícito tener por mujer a la que lo es de tu hermano» (Mc 6,18). ¿Y qué sucedió? San Juan Bautista fue encarcelado y más tarde fue decapitado. Tuvo que sufrir el martirio y dar su vida por la indisolubilidad del matrimonio...

En estos dos mil años se ha reproducido con frecuencia escenas similares. La Iglesia se ha mantenido firme; y en muchas veces ha tenido que fulminar anatemas en favor de la indisolubilidad del matrimonio, aun cuando sabía que tendría que sufrir la pérdida de naciones enteras, y aun cuando sabía que por su firmeza se granjearía la befa, la incomprensión y la pérdida de muchos fieles.

No importa. No podía obrar de otra manera. Hacerlo habría sido apostatar de Cristo.

Hemos de agradecer a la Iglesia su actitud tan firme e inquebrantable. Aunque la ley sea muy exigente, ella no transige. Y todos los hombres de buena voluntad tendrían que reconocerlo. En un mundo donde reina el egoísmo, la pusilanimidad, la falta de compromiso y el relativismo, la Iglesia se mantiene sola en su convicción; y cuando la sociedad decadente dice: divorciemos; cuando todas las demás iglesias y religiones repiten: divorciemos..., es la Iglesia católica la única que se atreve a salir en defensa de las palabras de Jesucristo: «Lo que Dios ha unido, no lo separe el hombre.» Muy bien sabe la Iglesia que por la indisolubilidad del matrimonio acontecen muchas tragedias y sufrimientos; pero también sabe que, si el matrimonio se pudiera disolver, de ahí se derivarían peores males, y que en esta tierra no podemos vivir sin la cruz de Nuestro Señor.

Con ligereza se pronuncia hoy la terrible frase: ¡Si no te gusta, nos divorciamos!»

¡Ah!, ¿sí?, ¿nos divorciamos?

¿Y no te acuerdas del juramento que hiciste ante el altar, ante la cruz de Cristo, totalmente consciente de lo que decías?

¿Nos divorciamos?

¿Y no ves las grandes tragedias que causa este paso desesperado?

¿Nos divorciamos?

¿Y no ves cómo te miran tus hijos, con los ojos arrasados en lágrimas, suplicándote que no lo hagas? Unos hijos que sabrán lo que es la orfandad estando sus padres todavía vivos?

¿Nos divorciamos?

¿Y no sientes que si la familia perece, también perecerá irremisiblemente la sociedad entera?

¿Nos divorciamos?

No, no queremos el divorcio.

No digas: «Nos hemos peleado, no nos aguantamos, mejor es que cada uno tire por su lado...», sino: «Dame la mano, acompáñame, y ahora vamos los dos a Cristo...».

Jesucristo es el médico a quien tienes que acudir cuando las sosas en la familia no vayan bien. Es te dará la fuerza para amar. Es el Rey de la familia, no lo olvides.

CAPÍTULO XVI

CRISTO, REY DE DOLORES

«Al oír esto, cogieron muchas piedras para tirárselas: mas Jesús se escondió y salió del templo» (Jn 8,59).

¡Qué profunda tragedia subyace en estas palabras! La tragedia de los hombres de entonces y de los hombres de hoy: la costumbre de apedrear al que nos hacen bien. Mirar con inquina a los mejores. Es la obcecación increíble con que los hombres lanzaron al rostro de Nuestro Salvador el grito de rebeldía: «¡No queremos que éste sea nuestro Rey!». El Señor rechazado tiene que esconderse y alejarse.

¡Hasta dónde llega la humanidad cuando se separa de Cristo!

Hasta coger piedras para lanzárselas contra su Rey.

Nuestro Señor es Rey de dolores. No es solamente el obcecado pueblo judío quiso apedrearle, hoy también le apedrean los muchos pecados que se cometen. Y, sin embargo, este Rey de dolores es la única esperanza de la humanidad, que camina a tientas por haber perdido la brújula.

Si repasamos la historia de la humanidad, cuántas veces se ha repetido la escena: «No queremos que éste sea nuestro Rey».

«¡No queremos!», gritan los esposos; «la religión no tiene por qué entrometerse en nuestro matrimonio; seremos felices a nuestra manera.»

«¡No queremos!», grita una juventud frívola, ávida de placeres. «¿El sexto mandamiento? ¡Eso no va con nosotros!»

«¡No queremos!», gritan los políticos; «la religión no tiene nada que ver con la política; el Estado moderno no puede tener en cuenta la religión».

«¡No queremos!», gritan muchos científicos; «la ciencia está por encima de la moralidad».

«¡No queremos!», gritan los artistas, las estrellas del cine... "¡No queremos!», gritan los intelectuales, los financieros, los empresarios, los obreros. «No queremos seguir los diez mandamientos».

¡Pobre Cristo! ¡Tú, Rey de dolores, nos miras desde la cruz.

¿Todos están contra Ti? ¡Qué pocos te siguen! ¿Qué es lo que te queda? ¡Tan sólo las iglesias, los sagrarios! Y si los malos te apedrean aun allí, no te queda ni un solo refugio.

Pero he ahí que Jesucristo permanece firme en este último refugio... El sagrario aún es suyo; y ¿qué vemos? El Rey de dolor emprende desde allí su camino de conquistas. Cuando ya parecía que toda la sociedad había desterrado a Cristo; cuando ya no le quedaba, al parecer, un solo lugar en esta tierra; cuando ya creíamos que la cruz de Cristo yacía por el suelo y estaba sepultada bajo el polvo del olvido y la basura de la maldad; cuando la sociedad se erige sus nuevos ídolos en vez de postrarse ante la cruz de Cristo; entonces, en nuestros días, comienza Cristo a reconquistar el mundo...

Los romanos tomaron la ciudad de Jerusalén en el año 70 después de Cristo y la destruyeron completamente, y con ella los lugares santos del Cristianismo. Destruyeron la tumba de Nuestro Señor; y en el Gólgota, donde había padecido y muerto, erigieron un templo a Venus y a Júpiter, y colocaron sus estatuas en la cima del Calvario. ¡En el mismo lugar de la cruz de Cristo, las estatuas de dioses paganos!... Hasta que llegaron el emperador Constantino el Grande y la emperatriz Santa Elena, quienes mandaron destruir el templo pagano, y hacer excavaciones para tratar de encontrar los lugares santos... Después de un trabajo largo e ímprobo, apareció por fin el sepulcro..., y no lejos de él tres cruces..., y los clavos y la inscripción. ¡Tres cruces! Pero no sabían cuál era la cruz de Cristo. Seguramente es una de las tres, pero ¿cuál? No lo sabían... Finalmente, tocaron con las tres cruces a un enfermo grave. Y al contacto de la tercera se curó el enfermo. ¡Hemos encontrado la cruz de Cristo!, fue el grito triunfal que pasó de boca en boca por toda la Cristiandad. ¡Tenemos la cruz de Cristo!

La cruz de Cristo tocó a un enfermo y éste se curó. ¿Hay algún enfermo en la actualidad? No hay sólo un enfermo, sino toda la sociedad. También hoy vemos ídolos en el lugar de la cruz de Cristo... ¿Queremos curarnos? No hay otro camino: levantemos la cruz de Cristo en todos los puntos en que antes estaba y de donde fue sustituida por ídolos del paganismo.

1. En primer lugar, hemos de levantar la cruz en nuestra propia alma, en nuestra vida más íntima.

¿Cuál será la consecuencia? Ésta: si la cruz de Cristo está firmemente plantada en mi alma, entonces nada podrá abatirme.

Cristo Rey fue crucificado. Parecía que todo el trabajo de su vida iba a resultar destruido echado abajo. ¿Fracasó? ¡De ninguna manera! Entonces precisamente tomó posesión de su trono. Vosotros, soldados sin alma, que le coronasteis de espinas,

¿sabíais lo que hacíais? ¡No! Vosotros, los que doblabais las rodillas delante de Él en tono de sorna; Pilato, que mandaste inscribir en la cruz: «Jesús Nazareno, Rey de los judíos»...,

¿sabíais lo que hacíais? No. No sospechabais que en aquel momento se estremecía el imperio de Roma y que venía a ocupar su lugar el poder soberano de Cristo crucificado.

La cruz que era una afrenta, pasó a ser signo de bendición.

¡Cuántos millones de personas han puesto sus ojos en la Cruz santa buscando consuelo, la paz y la fortaleza que necesitaban...!

¡Oh Cruz santa! Ella nos ha levantado por encima de nuestras pasiones y nos ha liberado de nuestras esclavitudes.

San Wenceslao, el rey santo, iba una noche fría de invierno descalzo caminando por las calles cubiertas de nieve visitando las iglesias. Le acompañaba un criado, que se quejaba del frío que hacía. «Mira: camina poniendo tus pies en mis huellas y verás cómo no tienes frío», dijo Wenceslao. El criado lo hizo y dejó desde entonces de tener frío.

«Hijo, hija —te dice también nuestro Rey crucificado—, ¿estás triste? ¿Te quejas de que es terriblemente difícil el camino de tu vida? Mira: sigue mis huellas, agárrate a mi cruz y no caerás nunca.»

¡Antes de todo, hemos de levantar la cruz en nuestra propia alma!

2. ¡Después, levantarla en la familia!

Muchas familias se avergüenzan de la cruz; idolatran el dinero, el orgullo, la vanidad, la vida cómoda, los placeres... en resumen, los siete pecados capitales...; es lógico que entonces surjan graves disputas y se metan en muchos problemas.

Hubo tiempo en que la cruz era el adorno de todos los hogares cristianos; ante los ojos del Crucificado crecía el niño; del crucifijo sacaba fuerzas el esposo agotado por el trabajo; ella servía de aliento a la madre sobrecargada por las faenas de la casa.

Pero hoy ya la cruz no preside nuestros hogares. ¿Por qué?

Porque la cruz sólo puede permanecer allí donde vive el espíritu del Crucificado. Pero este espíritu es espíritu de amor y de sacrificio; y en muchas familias solo reina el desamor y el egoísmo.

¿Qué nos dice el crucifijo? «¡Antes los otros, después yo!» ¿Y qué dice, en cambio, el egoísmo? "¡Antes yo, después... yo, y sólo entonces los demás!» ¿Podemos compaginar estos dos espíritus?

La familia cristiana es muy distinta de la familia pagana. La familia cristiana se apoya en el espíritu de sacrificio. ¿Qué significa ser padre cristiano? ¡Trabajar desde la mañana hasta la noche por la familia! ¿Qué significa ser madre cristiana? ¡Andar atareada de sol a sol por la familia! ¿Qué significa ser hijo cristiano? Obedecer con respeto y amor a los padres; primero, mis padres... y sólo después, yo.

En cambio, cómo es la familia donde impera el egoísmo. No hay crucifijo en las paredes. ¿Por qué? Porque todo el ambiente es tal, que no encajaría con él el crucifijo, pregonero de una vida de sacrificios. ¿Sacrificios? «¡Bah! Hay que gozar cuanto se pueda, y sacrificarse lo menos posible.» He aquí la divisa. Por esto huyen de tener hijos los padres; por esto no educan a los hijos en la exigencia y en el espíritu de sacrificio...

¡Hemos de levantar la cruz en la familia!

3. ¡Y también en la escuela!

La mayoría de las escuelas y universidades en Europa fueron fundadas por la Iglesia. Pero la primera educadora de los niños y los jóvenes es la familia. ¿A quién pertenece, pues, la responsabilidad de educar espiritualmente a los niños y jóvenes? Al padre, a la madre y al sacerdote. ¿De dónde sacar las fuerzas para educar en el amor al trabajo, en la pureza de vida, en la coherencia de vida, en la constancia en el bien...? Del ejemplo de Cristo clavado en la cruz.

En la Universidad de El Cairo estudian más de 40.000 estudiantes mahometanos. ¿Y cuál es la asignatura más importante que se enseña? El Corán. Para ellos este libro es la Filología y la Ética, la Historia y el Derecho, la Filosofía y la Arqueología... Y cuando en cierta ocasión un extranjero se mostró asombrado ante tal forma de pensar, el guía le susurró al oído: «La química es importante, pero más importante es Alá.»

En cierto sentido tenía razón: la química es importante, importante, también la técnica, la medicina; importantes son todas las ciencias..., pero ¡Dios es el más importante!

Hubo tiempo en nosotros también pensábamos así. En las ciudades, en los pueblos, el edificio más visible de todos era la iglesia, y sobre ella la cruz de Cristo en su torre. Hoy, ya no es así, los grandes edificios son los bancos, las empresas, las fábricas... Pero esto no tendría ninguna importancia si no se utilizasen muchas veces los conocimientos científicos, manipulándolos, para luchar contra la religión.

¿Qué nos sucederá si adoramos la ciencia y la técnica, si no reconocemos que pueda haber nada por encima de más valor, si no reconocemos a Dios, creador de todo el universo? Veremos cómo el hombre, que reniega de Dios, acaba destruyéndose a sí mismo.

4. ¡Levantemos la cruz en el taller, en la fábrica!

Para los gremios de la Edad Media, la fe religiosa era lo más importante, y por eso la cruz presidía todos los lugares en que se trabajaba. El artesano no tenía más que mirar la cruz para sacar de ella fuerza, aliento y perseverancia hacer un trabajo bien hecho; y cuando la miraba el que ejercía alguna autoridad, aprendía de ella a ser justo, a amar al subordinado, a tratarle como se merece. A la sombra de la cruz no podía haber engaño, fraude en el trabajo, odio ni lucha de clases, como tampoco podía haber avaricia, baja de los salarios, trato inhumano.

Después alboreó un la revolución industrial, y los patronos, ávidos de ganancias, prefirieron dejar la religión a un lado, pues no hacía más que ponerles freno a su avaricia. «La religión nada tiene que ver con las finanzas y el mundo empresarial...; ¡fuera el crucifijo!...» Y lo quitaron. ¿Cuál fue el resultado? La lucha de clases, que tanto ha enfrentado a los pueblos, y que tantas guerras ha originado. Pero la cuestión social no se resolverá hasta que todos no volvamos a ver en Cristo clavado en la Cruz, el modelo a seguir. ¡Porque Cristo es Rey del trabajo!

* * *

Cuando Strindberg, el escritor sueco, después de llevar una vida totalmente descaminada y metida en el vicio, sintió acercarse su fin, pidió que se pusiera una cruz sobre su tumba, esta inscripción: Ave Crux spes unica! «¡Salve, Cruz santa, única esperanza nuestra!»

Sí, también hoy nuestra única esperanza es la cruz de Cristo Rey; ella es nuestro único orgullo, nuestro único consuelo cuando el sufrimiento nos atenaza. «No me precio de saber otra cosa... sino en Jesucristo, y éste crucificado» (I Cor 2,2). En el crucifijo está contenida toda nuestra teología dogmática y moral; allí está nuestro catecismo; de él brota nuestra fuerza, nuestra esperanza, nuestra felicidad.

La moderna gentilidad ha sepultado la cruz de Cristo; las estatuas paganas del desamor, del dios-dinero y de la inmoralidad se levantan de nuevo sobre la cruz. Somos cristianos, pero hemos perdido la cruz; no comprendemos que la cruz es la pregonera del sacrificio, del camino a la Resurrección, de la fidelidad a la voluntad de Dios...

Los hombres nacemos, crecemos y morimos. ¡Pero la cruz de Cristo permanece para siempre! Ella sigue interpelándonos y haciéndonos la misma pregunta: ¿Queréis que éste sea vuestro Rey?

Ojalá todos contestásemos: ¡Queremos!, ¡queremos!

Queremos que Jesucristo reine en nuestras familias, para que reine la paz y la alegría. ¡Queremos!

Queremos que nuestros hijos crezcan y se robustezcan a la sombra de la cruz de Cristo. ¡Queremos!

Queremos que ella sea nuestro asidero donde agarrarnos cuando se desaten las tempestades. ¡Queremos!

CAPÍTULO XVII

CRISTO, REY CRUCIFICADO

¡Viernes Santo!

¡No hay otro día más importante del año!

En ese día celebramos que Nuestro Señor Jesucristo murió crucificado por nosotros!

No se fue de este mundo después de una vida cómoda; no acabó su vida en una blanda cama, rodeado de sus seres queridos; murió sobre un patíbulo de ignominia, sobre la cruz. En ella expiró, entre carcajadas de escarnio; en ella terminó su vida mortal, agotado por los sufrimientos del espíritu y del cuerpo, abandonado de todos. En la cruz sufre durante varias horas. En la cruz sufre y muere por nosotros.

Y cada Viernes Santo atrae por un día las miradas de todos.

Entonces siente el hombre que no hay objetivo de vida más sublime, misión humana más elevada, deber más santo, que el que nos muestra la cruz de Cristo: salvar el alma.

El sacrificio del Viernes Santo me está diciendo con toda claridad: I. Cuánto me amó Él a mí, y II. Cuán, poco le amo yo a Él.

I

¡Cuánto me amó Él a mí!

¿Cuánto? ¡Murió por mí! "¡Me amó y se entregó por mí!» Esto es amor.

Jesucristo muere clavado en una cruz. No tenía una almohada para reposar su cabeza, coronada de espinas. Le atravesamos sus manos y pies con agudos clavos. Le dimos a beber hiel y vinagre. En vez de recibir consuelos, recibió desprecios y blasfemias... ¡Oh Jesús!, ¿es esto lo que mereciste de nosotros? ¿A Ti, hijo de Dios, que bajaste de los altos cielos para darnos el reino eterno de tu Padre? ¡Y nosotros te clavamos en la cruz! ¡Cuánto me has amado!

Te interpusiste en medio, entre el cielo y la tierra, para encubrir con tu cuerpo ensangrentado y lleno de llagas a cada uno de los hombres, para encubrir mi alma pecadora y esconderme así de la ira de Dios; para desviar, con los brazos extendidos en lo alto, los rayos de la justicia divina; para implorar perdón para nosotros. Tú imploras al cielo pidiendo misericordia: «Padre, perdónalos...», a ellos, a todos, sin excepción. No te preocupas de ti mismo, no piensas en tu dolor, sólo piensas en mí. ¡Cuánto me amas!

Me amó..., me amó... Pero ¿quién podía esperar tal exceso de amor? Ya conocíamos las promesas del Mesías venidero hechas por Dios al hombre en el Paraíso. Cuando el Niño de Belén se sonreía mirándonos a los ojos, cuando el Hijo de Dios vivía entre nosotros como un hermano, sentíamos que en su Corazón ardía con vivísimas llamas en amor a los hombres. Al oír sus parábolas del buen samaritano, del hijo pródigo, del buen pastor que busca la oveja perdida, bien sentíamos los ardores del amor del Corazón de Jesús. Pero aquel amor sin límite y sin medida, que le llevó a soportar por nosotros, sin pronunciar una palabra de queja, los golpes rudos, los latigazos que le herían, el ser escupido y servir de befa, la corona de espinas, los dolores de la cruz..., no podíamos sospecharlo.

¡Cuánto nos ama Jesús!

Se deja clavar a la cruz para decirme cuánto me ama. Así conquista mi alma. Yo estoy al pie de la cruz, abismado al ver tanto exceso de amor, y espero que su sangre preciosa, aquella sangre divina, caiga sobre mí, y lave mis grandes pecados. Quisiera llorar con amargura; pero no puedo; este Jesús amoroso me fascina, su palabra me obliga a que le mire, no puedo desviar de Él mi mirada. Pero si le miro, siento que me dice: Mira cuánto te he amado..., y tú ¿me amas a Mí...?

Esta cruz manchada de sangre no sólo me está diciendo cuánto me ama, sino también cuán poco le amo yo a Él.

Desde el Viernes Santo, hace dos mil años, que está erguida la cruz, y todos los hombres pasan en torno suyo.

Hay hombres de corazón duro, que pasan sin percatarse por delante de ella, para quienes nada significa la muerte del Señor, ni tampoco su vida ni su doctrina, cuyo único afán es el dinero, la mesa bien repleta y el degustar de los placeres... ¿Alma? ¿Religión? ¿Dios? ¿Oración? ¿Cruz?...: son palabras incomprensibles para ellos...

Hay otros que por un momento miran emocionados la cruz y el sacrificio cruento de Jesucristo..., pero se asustan de las repercusiones que lleva consigo. «No, no; Jesús, a pesar de todo, no podemos alistarnos en tu partido. ¿Tendríamos que estar dispuestos a morir como Tú? A morir a nuestros deseos desordenados, a nuestros bajos instintos. Esto significaría una luchar incesantemente contra nosotros mismos, una vigilancia continua. ¡No! No es posible. Ya luchamos bastante. Luchamos por la esposa, por los hijos, por el pan de cada día, por alcanzar una posición social, por el porvenir... No, no; Jesús, no te ofendas; pero para Ti, para nuestra alma, ya no nos queda tiempo, ni ánimo, ni energías... Mira, no somos malos; ya cargamos nuestra cruz...»

Hay un tercer grupo. Son los hombres que se arrodillan y rezan delante de la cruz. No sólo eso, sino que comparten sus infortunios y sufrimientos con los sufrimientos del Crucificado..., con la de Aquel que cargó sobre sus hombros las angustias y el pecado de la humanidad. ¿Pertenecemos nosotros a este grupo? O por lo menos, ¿hacemos el firme propósito de alistarnos bajo su estandarte?

Desde que el estandarte de la santa Cruz se izó entre cielos y tierra todos han de tomar partido. Mira al Padre celestial: ahora recibe el sacrificio de su Hijo. Mira a los ángeles: conmovidos adoran a Nuestro Señor crucificado. Mira a sus enemigos: ¡cómo blasfeman de Él, cómo le maldicen! Mírate a ti mismo, hermano.

¿De qué parte estás? Dime: ¿entre los enemigos de Cristo? ¿Entre aquellos que le odian, que le maldicen? No lo creo. ¿Quizá estés entre los soldados que se sentaron al pie de la cruz y, mientras a su lado se desarrollaba la tragedia más impresionante de la historia del mundo, ellos como si nada ocurriera, se pasaban el rato jugando a los dados? Hermano, piénsalo bien, ¿no estás tú entre estos soldados?

«Cristo murió por mí. Pues el que haya muerto, ¿qué me importa...?» «Pero yo no hablo así», me dices. No, no hablas así, pero piensas y vives como si Cristo te fuera completamente extraño; como si Cristo no te importara.

No te importa que le hayan azotado durante la noche; pero sí te importaría tener que mimar un poco menos tu cuerpo y no poder concederle todo cuanto pide, aunque sea algo pecaminoso.

No te importa que le hayan hecho a Cristo blanco de la befa del mundo, presentándole ante la turba blasfema como un loco; pero te importaría mucho si algunos se burlaran de ti porque te tomas en serio la fe.

No te importa que a Cristo le hayan coronado con agudas espinas; pero sentirías mucho tener que reprimir tus caprichos y dominar tus instintos.

No te importa que Cristo haya derramado toda su sangre por ti; pero cuánto te pesa dedicar una hora cada domingo para participar de la Santa Misa.

No te importa que Cristo haya tenido que subir casi a rastras, cargando con la cruz, por el camino pedregoso del Calvario, pero sería una lástima que tú tuvieses que ascender el camino exigente de la virtud.

No te importa que Jesucristo haya sido clavado en la cruz, y su Corazón traspasado por una lanza; pero sería muy duro padecer algo por Él y cumplir sus preceptos.

¿Tan pocas entrañas de misericordia tienes para este Cristo que tanto sufre por ti?

¿No te da lástima? Si de verdad te diese lástima, no vivirías como vives.

* * *

¡Jesús! Tu pobreza ha de ser mi pobreza. Tu dolor ha de ser la causa de mi enmienda. Tu corona de espinas ha de unir dos corazones: el tuyo y el mío. Tus lágrimas y tu sangre preciosísima han de reformar mi vida. Tu amor abrasado ha de derretir mi duro corazón. ¡Oh Señor! Cuando Tú sufriste, mi alma se limpió. Cuando Tú derramaste tu sangre, mi castigo se mitigó. Cuando Tú te sumergías en los mares del sufrimiento, yo me salvé de la condenación. Cuando Tú moriste, ¡entonces empecé yo a vivir!

Me importa tu Pasión; me importan los golpes y latigazos que recibiste; me importa la cruz en que fuiste clavado. Y no me importa que tenga que luchar para vivir sin pecar. Aunque tenga que luchar hasta la muerte, no cejaré, Señor.

Voy a hacer todo lo posible, mi Cristo crucificado, para que reines en la sociedad, en las familias, en cada hogar, en todos los lugares de donde te han echado. Tienes que reinar de nuevo en el alma de los jóvenes.

Jesús, que nos ha amado hasta la muerte, tiene derecho a reinar en el mundo entero. Tiene derecho a que nosotros, los que fuimos redimidos con su sangre, le ofrezcamos agradecidos toda nuestra vida.

¡Te adoramos, Cristo, y te bendecimos, porque por tu santa Cruz redimiste el mundo!

CAPÍTULO XVIII

CRISTO, REY DE LOS ATRIBULADOS (I)

Al anochecer del primer domingo de Pascua, cuando la tristeza y el miedo invadían el alma de los Apóstoles, reunidos en el Cenáculo, aparece de repente Jesucristo resucitado y les dice: «La paz esté con vosotros» (Jn 20,19). Y enseguida la paz inunda sus almas.

Es la escena que me parece más adecuada para presentar a Jesucristo como Rey que dispensa sus consuelos a los atribulados, y hablar de uno de los mayores problemas de la humanidad: el sufrimiento.

Bien es verdad que siempre fue de actualidad el tema del sufrimiento, pero nunca lo fue tanto como en nuestros días. «Vivir es padecer». Para huir del sufrimiento, el hombre ya lo ha probado todo, pero en vano. Hizo ensayo de todas las formas de gobierno, cambió las diferentes organizaciones sociales, procuró sofocar el sufrimiento mediante la embriaguez, el olvido... En vano; no puede olvidar el hombre el verter de las lágrimas, y, desgraciadamente podemos afirmar, que nunca se verá libre de ello. El sufrimiento y la vida humana van a la par.

Si no podemos librarnos del sufrimiento, procuremos, por lo menos, preguntarnos: ¿Para qué sirve el sufrimiento y cómo hemos de asumirlo en nuestra vida cristiana?; en el otro capítulo preguntaré: ¿Qué ayuda nos dispensa en el sufrimiento Cristo, Rey de los atribulados?

I

La primera pregunta que espera mi respuesta, y contiene las quejas y angustias de numerosísimos hermanos que sufren, es la siguiente: ¿Por qué nos envía Dios tantas desgracias, tantos males, tantas pruebas en esta vida terrena? Y ¿por qué me abate justamente a mí, a mí, que siempre quise servirle con lealtad; a mí, que he cumplido, en todos los órdenes, sus mandamientos?

¿Cómo puede ser tan «duro», tan «severo», tan «cruel» con nosotros?...

Oímos a cada momento semejantes quejas. Los hombres que luchan con dificultades económicas, los defraudados, los que llevan la cruz de un matrimonio sin dicha, los quebrantados por la desgracia, murmuran: ¡Cuán severo es Dios, que nos visita con tantos sufrimientos!

¿A ver cómo lo dices? ¿Por qué es tan «severo» Dios? ¿Por qué es tan «duro»? Pero ¿no sabes que no es Dios quien nos envía la mayor parte de los sufrimientos, es decir, que Él no quiere que sufra tanto el hombre?

¿Cómo se entiende esto? Lo explicaré. El mundo actual no es como Dios lo quería en su primer plan, no es como Dios lo creó, sino que el hombre desbarató su plan sublime, y por esto el mundo entero gime ahora bajo las consecuencias del pecado original: la naturaleza inanimada, lo mismo que los seres vivientes.

Aunque la Iglesia no enseñase nada respecto a la caída del hombre y a sus consecuencias, es decir, respecto al pecado original, sentiríamos por las innumerables contradicciones y terribles injusticias de la vida que algo no está en orden, que la vida humana no puede salir así de las manos del Creador, que alguna falta hubo de haber ya al principio de nuestra historia.

Hemos de manifestar decidida y abiertamente que hubo y hay en la tierra un sinnúmero de sufrimientos que Dios no quiso ni quiere, y cuya causa exclusiva es el hombre, el hombre pecador, la avaricia, el egoísmo, el orgullo humanos.

¿He de aducir algunos ejemplos? Sólo uno o dos, cogidos al azar.

He visto en Roma el inmenso Coliseo, el Circo, espantoso aún en sus ruinas. Hubo un tiempo en que allí, el pueblo, ebrio de sangre, y el mismo emperador, oían por la tarde el trágico saludo de los gladiadores que luchaban a vida o muerte: *Ave Caesar, morituri te salutant!* «¡Salve, César, te saludan los que van a morir!» Después se acometían unos a otros los gladiadores; luchaban... los hombres... para matarse; y los demás, también hombres, se deleitaban en tal espectáculo. ¡Realmente, Dios no quiso esto!

Todavía se ve hoy en Túnez el antiguo mercado de esclavos y se conservan los palos y los anillos de hierro a que se fijaban las cadenas de aquellos infelices —¡hombres como nosotros, con alma inmortal!—. Y Catón, el sabio Catón, escribe: "¡Hay que saber vender a su debido tiempo las bestias y los esclavos envejecidos!» ¡Horror!, ¡antes las bestias, después los esclavos!

¡Esto, ciertamente, no lo quiso Dios!

¿Que estos ejemplos son antiguos? ¿Que hoy ya no hay gladiadores ni esclavos? Pues bien. Ahí van algunos ejemplares modernos.

Una viuda que sufre desesperadamente tiene un hijo que siempre está de juergas, que siempre le pide más y más dinero, y, en cambio, no tiene una sola palabra de cariño para su madre...

¿Cómo va a querer esto Dios?

Un padre tiene seis hijos, seis hijos que no tienen qué comer. Aceptaría cualquier trabajo; todo lo que se presentase. Pero no le quieren en ninguna parte. Y los hijos, muertos de hambre, lloran en casa... ¿Cómo va a querer esto Dios?

¿Es «demasiado duro» Dios por enviar tantos sufrimientos al hombre? ¿Es Él quien los envía? ¡No, y mil veces no! La causa de estos innumerables dolores, sufrimientos y tristezas, es el hombre, la naturaleza humana caída y degradada. Sí: en la mayoría de los casos son los hombres los responsables de que sea tan amarga esta vida terrena.

Sé muy bien que se me objetará: Aun puesto el caso que Dios no quiera la mayoría de los sufrimientos, no obstante, los permite, los tolera, consiente que el hombre haya de sufrir tanto. ¿Por qué lo consiente? Esto ya es otra cosa. Realmente, Dios podría suspender el orden y las leyes de la naturaleza. ¿Por qué no lo hace?

Es el domingo de Pascua del año 1927. Una de las iglesias de Lisboa está atestada de gente. De repente..., la cúpula se desploma... y el grito de cuatrocientos heridos resuena en el aire.

¡Se desplomó la iglesia! ¿No habría podido Dios sostener la pared que se resquebrajaba? ¡Haciéndolo, salvaba a cuatrocientos hombres! ¡Sí, habría podido hacerlo! Y no lo hizo. No nos libra de todos los males. Consiente que suframos. Permite que suframos.

¿Hemos de decir por esto que Dios no nos ama?

No. Digamos más bien: Si consiente que sus criaturas predilectas derramen tantas lágrimas amargas, si Dios permite que la vida humana rebose de sufrimientos, entonces tendrá motivos poderosos para no hacerlo, un propósito elevado que no conocemos.

Vamos a ver: ¿cuál es la característica más hermosa del alma cristiana? ¿El no sufrir? ¡Qué va a serlo! También ella sufre y... solloza. Pero no se queja, no se rebela, no se desespera; sino que procura descubrir lo que de ella quiere Dios, al permitir que le suceda tal o cual desgracia. Dios es mi Padre bondadoso, y si Él consiente que sufra tanto, sus motivos tendrá.

II

Estudiemos ahora qué planes puede tener Dios con nuestros sufrimientos.

Aun discurriendo con la luz natural de la razón, ya puedo descubrir algunos motivos.

¿Por qué permite Dios que suframos tanto? Porque muchas veces, mediante el sufrimiento, defiende nuestra vida corporal y nuestra salud. ¿Por qué duele la muela enferma? Porque si no doliera, nadie se preocuparía de saber si se echa o no a perder su dentadura. ¿Por qué nos duele una quemadura? Para que andemos precavidos y no nos quememos. Doy un paso más y pregunto: ¿por qué existe la muerte, el mayor de los sufrimientos terrenos? Para que tengamos en mayor estima la vida que pasa. Si la muerte no fuera tan terrible, ¡cuántos se suicidarían!

Así contesta la mera razón.

¡Ah!, pero es muy poquita cosa esta respuesta, ¿verdad? La fe cristiana enfoca el problema más profundamente.

Veamos su solución, ¿Qué es el sufrimiento, la desgracia, en el plan de Dios?

Acaso sea el último recurso para salvar mi alma. Acabo de tocar una llaga viva de muchos hombres modernos. Hay quienes se pierden porque les va demasiado bien en esta tierra. Hombres que llegan a sentar sus reales en esta vida, y sólo con vistas al bienestar efímero; hombres que no quieren creer que en esta tierra todo es un continuo empezar, una prueba imperfecta, un trabajo no acabado. Estos son sordos y ciegos para todo lo que no es dinero, fortuna o placer, para todo lo que nos habla de Dios, del alma, de religión, de vida eterna.

¿No conocemos todos alguna persona así, a quien le van demasiado bien las cosas y que de todo se preocupa — de su calzado, de su perrito, de su abrigo, de su auto, de su paraguas, de todo...— menos de su pobre alma, única, inmortal?

Al oír Augusto la atrocidad de Herodes, que hizo asesinar a su propio hijo por temor de que le arrebatase el trono, exclamó: «¡Preferiría ser un cerdo que un hijo de Herodes!»[1]. Si hubiese conocido al hombre moderno habría dicho: Preferiría ser perrito que alma del hombre moderno, porque éste se preocupa más del perro que del alma.

Pues bien, si Dios quiere mover a tales hombres a convertirse,

¿qué puede hacer? Servirse de las pruebas, de los sufrimientos.

Una señora distinguida fue un día a quejarse a un director espiritual, ya de edad y muy experimentado:

—Padre, este mundo me absorbe casi por completo, y cualquier cosa que haga no puedo librarme de mis antiguas y grandes culpas. Lo he probado todo: ejercicios espirituales, confesión... Todo ha sido inútil. ¿Hay aún salvación para mí? ¿Qué es lo que puede salvarme todavía?

—...¿Qué es lo que puede salvarla? —contestó el anciano sacerdote—. Solamente una gran desgracia.

La señora no comprendió la contestación. Pero no tardó mucho en entenderla. Perdió la mayor parte de sus riquezas; muchos de los suyos murieron, y a la luz de tantas desgracias aquella alma descarriada encontró a Dios.

Así, pues, el sufrimiento puede ser en manos de Dios un arado que abre surcos profundos, que remueve y afloja

---

[1] MACROBIO (*Satis.*, II. 41) es el primero en referir en el año 410 este testimonio, sospechoso por otra parte; pues todos los hijos de Herodes eran ya mayores de edad, y algunos de ellos tenían hijos. (N. del E.)

el suelo que el bienestar endureció. Son muchísimas personas los que después de apartarse largos años de Dios, fueron llevados a Él por el sufrimiento. Muchos podrían decir con Chateaubriand: «He creído porque he sufrido». Muchos hombres se portan con Dios como se portan con la estufa: durante el invierno se arriman a ella, durante el verano la olvidan por completo. Las estrellas están siempre en el firmamento pero no las vemos más que de noche; del mismo modo, muchos no piensan en la vida eterna más que cuando el sufrimiento irrumpe en su vida.

«¡Pero yo no soy un incrédulo —me dices—; yo no pienso que Dios utilizar el sufrimiento para hacerme andar por el camino recto.

¿Qué quiere Dios de mí cuando me abate con la desgracia?»

Es posible que tenga otros propósitos. Quizá quiera moldear, hermosear, pulir tu alma con el sufrimiento. El sufrimiento purifica, y hermosea al alma y la hace profunda cuando se soporta y se ofrece por amor a Dios y a los pecadores.

El bienestar continuo hace vulgar, orgulloso, desenfrenado, ambicioso al hombre; en cambio, el sufrimiento le hace compasivo y humilde..., ¡le hace más parecido a Cristo!

Sí: el sufrimiento puede ser el trabajo de artista que Dios hace en el mármol de mi alma. También el mármol quisiera sollozar cuando se hace pedazos bajo los golpes del martillo del escultor. Pero si el artista «tratara bien» al bloque de mármol, ¿podría formar de él una obra maestra?

El sufrimiento puede ser el trabajo de minero con que Dios cava en mi alma. Dios busca oro en nosotros; y el oro no suele yacer en la superficie, sino que ha de sacarse de las profundidades, a trueque de duro trabajo.

Pero el sufrimiento puede también ser castigo en manos de Dios. La justicia exige que sufra el que ha pecado. Es un hecho que no admite réplica: en alguna parte ha de ser castigado, o en esta vida o en la otra.

«¡El que ha pecado!...» ¿Cómo atreverme a decir que no he pecado? ¿He expiado ya mis culpas? Lo digo a todos los hermanos: vosotros, los que sufrís, no olvidéis nunca que más vale expiar el pecado aquí abajo. Lo mejor es decir con San Agustín:

«¡Aquí, aquí, castiga, quema, visítame, Señor, con tal que uses conmigo de misericordia en la eternidad!»

François Coppée fue un escritor francés de fama mundial. Durante largo tiempo vivió como un descreído; después se convirtió. Sufrió atrozmente en el lecho de la muerte. ¿Y rezó acaso para que se acabasen sus dolores? Todo lo contrario. Dijo: *Je veux une longue agonie...* «Señor, concédeme una agonía larga», y después de un momento de silencio, añadió: «...*car je crois en Dieu et á l'iminzortalité de l'áme.*» «...porque creo en Dios y en la inmortalidad del alma.»

«¿Que el sufrimiento es también castigo en manos de Dios?» Bien, lo comprendo. Pero no me explico cómo son muchas veces los buenos los que más sufren, los que no tienen pecado; y, por otra parte, los criminales más famosos, que parecen que hayan hecho una obra buena en su vida, se dan la mejor vida que pudiera pensarse. ¿Cómo se explica? ¿Dónde está la justicia?

Es verdad; tienen razón los que reflexionan así..., si con esta vida todo se acaba. En este caso, no hay solución para el problema; si es así, realmente no hay justicia. Pero si creo que la vida continúa después de la muerte, entonces no será difícil encontrar la respuesta. «Los hombres honrados sufren mucho en esta vida», porque no han de sufrir en la vida eterna, y los pecados que hayan podido cometer —nadie puede afirmar que esté exento por completo de pecado— ya han sido expiados en esta vida. «Los malos tienen prosperidad en esta vida», porque en la otra habrán de penar, y el galardón de lo poco bueno que hayan podido hacer —algo habrán hecho, aunque tal vez sea cosa insignificante— ya lo reciben en esta vida.

Así, pues, el problema es éste: ¿cómo se puede compaginar el diluvio de males que nos inunda con la bondad del Padre celestial, que vigila sobre el universo? Y la contestación es ésta: Dios no encuentra complacencia en el sufrimiento de los hombres, lo mismo que no les alegra a los padres tener que negar algo a sus hijos o tener que castigarlos. Si lo tienen que hacer es porque tienen motivos sobrados; para educar, enmendar o reprender su mala conducta, y así evitan que sus hijos empeoren.

Así ya se proyecta cierta luz sobre el problema del dolor. ¿Tan sólo cierta luz?

Sí, cierta luz. Porque aun después de todos las reflexiones y explicaciones, hemos de confesar que no hemos logrado una claridad absoluta, y que aquí se encierra algún misterio, algún secreto, que no puede penetrar el hombre.

Muchas veces nos vemos obligados a decir: no lo comprendo, no lo comprendo. Y es que nosotros no somos los creadores del universo. Lo que he hecho yo mismo, lo comprendo; lo que han hecho los otros, me resulta más difícil; y en el mundo hay muchas cosas que no hice yo. Tan sólo el creador puede comprender por completo los acontecimientos del mundo.

Ya expresó este pensamiento San Agustín, cuando comparó la vida del hombre a un tapiz de ricos colores, del cual no vemos más que el reverso. Mira un hermoso tapiz persa: flores, figuras, colores, se funden en artística armonía. Sí; pero si vemos tan sólo el reverso, nos parece una urdimbre sin ton ni son. Lo mismo acontece con la vida. Nosotros vemos el reverso; el anverso, es decir, el gran pensamiento unificador que compagina según un plan prefijado todos los hilos y pormenores, tan sólo lo contempla Dios. Junto al telar de la vida humana está Dios eterno, cuyos designios ignoramos, cuyos pensamientos no son nuestros pensamientos y cuyos caminos no son los nuestros.

Pero que nosotros estamos en las manos de Dios, que no cae un pajarillo del tejado sin saberlo Dios, ni un cabello de nuestra cabeza sin el beneplácito del Altísimo, y que ninguna desgracia, ningún sufrimiento o dolor será capaz de arrancarme de Dios... es una verdad incuestionable que siempre quiero profesar.

* * *

Me encontré una vez con un conocido, un juez, a quien no había visto hacía varios meses. Su hijo único, universitario, fue discípulo mío, eminente por cierto. Toda la familia pasó el verano en un balneario. Los padres descansaban a la orilla del lago; el muchacho estaba nadando. De repente..., sin proferir una palabra, sin dejar oír una sola queja, se sumerge... allá, a la vista de sus padres... Le encontraron al día siguiente en el agua...; estaba muerto... ¡Su hijo único, robusto, de diecinueve primaveras!...

Era la primera vez que me encontraba con el padre después del funesto acontecimiento.

En estas ocasiones, instintivamente buscamos algunas palabras de consuelo... Pero no hizo falta. Con una voz entrecortada, con un no sé qué que tenía de admirable, con esa voz temblorosa de un hombre que lucha con el dolor, me decía:

«Padre, en medio de la terrible desgracia, doy gracias a Dios por haber sido tan misericordioso con nuestro Juan... La misma mañana se había confesado y comulgado... Y desde entonces, nosotros, su madre y yo, vamos a confesarnos y a comulgar cada mes en el mismo día... Ya nos conocen y todos nos miran sorprendidos; no comprenden cómo podemos soportar tamaña desgracia...» Así me hablaba el padre sumido en su dolor...; yo habría querido gritar a todos: ¡Hombres, hermanos que sufrís, que estáis agobiados, acudid todos a aprender de este padre atribulado!

¡Hermano! ¿Te es dura la vida? ¿Estás metido una noche que parece que no tiene fin?

¡Hermano! ¿Estás cansado de derramar lágrimas?

Pues mira: Arrodíllate ante Dios, inclina tu rostro y apóyalo en sus manos, en las manos de tu Padre celestial, e intenta pronunciar despacio, dándote cuenta de lo que dices, las siguientes palabras:

«Hágase, Señor, tu voluntad en dondequiera que esté. Hágase, Señor, tu voluntad, aunque yo no lo comprenda. Hágase, Señor, tu voluntad, por más quebrantos que me dé.»

Señor, hágase en todo tu santa voluntad; Señor, yo te seré siempre fiel. «¿Quién podrá separarnos del amor de Cristo? ¿La tribulación, la angustia, el hambre, la persecución, el cuchillo?... Estoy seguro de que ni la muerte, ni la vida, ni ángeles, ni principados, ni virtudes, ni lo presente, ni lo venidero, ni la fuerza, ni todo lo que hay de más alto, ni de más profundo, ni otra ninguna criatura podrá jamás separarnos del amor de Dios, que se funda en Jesucristo Nuestro Señor» (Rom 8, 35, 38-39).

CAPÍTULO XIX

CRISTO, REY DE LOS ATRIBULADOS (II)

En el capítulo anterior he propuesto un tema harto difícil: el problema del sufrimiento humano. Quizá no haya otro que interese más a hombres, ya que todos o casi todos habrán sentido clavada en el corazón la mirada terrible de la desgracia y del dolor.

El sufrimiento es compañero inseparable del hombre que peregrina por este «valle de lágrimas»; misterio tremendo para la razón que piensa, y piedra de toque para el alma religiosa.

Con el sufrimiento no se puede jugar frívolamente. Es cosa dura, grave, amarga; y muchas veces es una prueba, al parecer, sin objetivo, inaguantable; sin embargo, como ya lo vimos en el capítulo anterior, la Sagrada Escritura dice con su admirable sabiduría: *«Quien no ha sido tentado, ¿qué es lo que puede saber?»* (Eclesiástico 24,9). Es decir, la tribulación es un previo requisito del aplomo en el recto vivir.

Quien no ha sufrido, no comprende cómo se puede encontrar en el camino pedregoso del sufrimiento nuestro mejor «yo», nuestra alma, a nuestro Dios, a quien olvidamos cuando el bienestar nos sonríe.

Quien no ha sufrido, no sabe cómo podemos comprender los males ajenos mirándolos a través de nuestra propia miseria; cómo pueden cortarse con las tijeras del agudo dolor todos los nudos que traban la red del egoísmo, de la pequeñez de espíritu; cómo podemos trocarnos en almas suaves, comprensivas, llenas de perdón.

Quien no ha sufrido, no sabe cómo se puede, mediante el sufrimiento, limpiarnos del pecado, expiar la culpa, reparar el tiempo perdido. Porque ciertamente, el sufrimiento soportado con entereza nos hace más valientes, el desamparo, más dúctiles, la humillación nos levanta; en una palabra, el sufrimiento padecido en unión con Dios, da hace más profundos, más espirituales.

¡El sufrimiento soportado en unión con Dios!

El sufrimiento santifica, con tal que se viva con el espíritu de Cristo. Entonces el alma se hace más delicada y profunda, más comprensiva y fuerte.

Porque hay quienes se ofuscan y desesperan en el sufrimiento, porque no sufren con el espíritu de Cristo. Estos, en vez de ayudarles, se deshumanizan.

Y con esto llegamos al tema propio del presente capítulo: Todos hemos de sufrir, porque esto va anejo a nuestra condición humana. Pero, ¿cómo hemos de sufrir según las enseñanzas de Nuestro Señor Jesucristo? ¿Cómo tener, en esos trances tan dolorosos, a Cristo como Maestro, el Rey de los atribulados?

I

«Cristo es Rey de los atribulados.» ¿Qué significa esto en la vida práctica? ¿Qué fuerzas adquiero si en los días aciagos, bajo las desgracias que me abruman, pienso que Cristo ha trillado ya el mismo camino que yo he de pisar?

Se cuenta que en la primavera, cuando florece la vid, también el vino empieza a moverse, se pone a fermentar, viene a sentir en cierto modo la floración de la vid, de la cual procede. Se podría decir que hay como una «simpatía» entre el vino y la vid. Simpatía significa «participación en el sufrimiento de otro, compasión, comunidad de sentimientos».

Se cuenta también que cuando un desatado huracán azota el gran océano, al mismo tiempo comienza a moverse la superficie lisa de los mansos y tranquilos lagos, sitos entre abruptas montañas; éstos sienten en cierto modo las luchas del mar inmenso, ya que de él proceden. Hay simpatía entre el lago y el mar.

También hay cierta simpatía entre los sufrimientos de Cristo y los míos. Si «Cristo sufre», yo sufro. Si yo sufro, Cristo sufre conmigo. Tal simpatía o «compasión» mutua es capaz de mitigar y apaciguar mi alma dolorida, hasta aminorar el miedo a la muerte. Con tal que de yo sea capaz padecer con Cristo, teniendo un corazón compasivo para con Él, sufriendo con Cristo.

La vida a veces es muy dura y uno está tentado de decir: «hasta aquí y ni un paso más», ya no tengo fuerzas, ya no aguanto más. Entonces, cuando te parezca que ya no puedes más, en vez de coger un revolver para suicidarte, coge un pequeño crucifijo, colócalo delante de ti y piensa en lo que ha tenido que padecer el Señor por ti.

Cuando te envuelva la terrible noche, cuando sufras lo indecible, piensa: Mucho más sufrió por mí Cristo.

Consuélate pensando: ¡Cuánto más hubo de sufrir el Señor!

Un sacerdote alemán se encontró con una viejecita a las orillas del Rin y le preguntó; «¿Cómo le van las cosas, señora?».

«Mal, muy mal —le contestó ella—. Mi casita fue destruida por un incendio, mis hijos se fueron a vivir a América, paso mucha miseria...» El sacerdote quiso decirle algunas palabras de consuelo, pero la viejecita le interrumpió y le dijo con una suave sonrisa:

«Nuestro Señor Jesucristo ha estado durante toda su vida sin tener casa, y yo no he llegado aún a tanto; Él tuvo que ir con los pies descalzos, yo todavía no. Él tuvo que llevar una corona de espinas, y yo no...» No dijo más la mujer, pero ¡qué fuerza irradian estas palabras! ¿No sentimos todos que Cristo es realmente el Rey de los atribulados y que el Cristianismo es, sin duda alguna el gran bienhechor de la humanidad afligida? ¡Oh!, ¡si el óleo del espíritu cristiano ungiera todas nuestras llagas!

La vida muchas veces es terrible y cruel. Parece que a cada paso me sucede una tragedia tras otra. Pero si me agarro a la cruz de Cristo, mi vida tendrá sentido. No podré evitar la enfermedad, no podré evitar que mi matrimonio no vaya bien; mi rudo esposo no cambiará, el hijo pródigo no quiere volver, la lucha diaria para salir de la miseria no desaparecerá; pero... la imitación de Cristo hace más fácil el padecer. Él escogió una vida llena de sufrimientos para podernos decir: «¿Atended y considerad si hay dolor como mi dolor?» (Lamentaciones de Jeremías 1,12). Lo que tú has de sufrir ahora, Yo lo he sufrido antes, y he sufrido más y he sufrido por ti.

¿Eres pobre? Yo escogí la pobreza. ¿Ofenden tu dignidad y prestigio? Pues ¿qué hicieron conmigo? Bien sabes que fui abofeteado. Sabes que con hábitos de desprecio fui presentado a Herodes. Mírame en la cruz. Allí fui abandonado de todos, hasta del mismo cielo. ¿Lloras? Bien, mezcla tus lágrimas con las mías, y perderán su amargura. ¿Es pesada tu Cruz? Cárgala un poco sobre mis hombros; los dos la llevaremos más fácilmente. ¿Te punzan las espinas de la vida? Mira las que llevo Yo sobre mi cabeza.

«¡Pero algunas veces los caminos por donde el Señor nos guía son demasiado difíciles, demasiado pedregosos, llenos de espinas!», podrá decir alguno. ¡Oh!, sí, hermano, ¿quién podría negarlo? Pero ¿son imposibles? No. Lo son tan sólo para quien no tiene fe. Si tengo fe y creo que todo lo que me ocurra en la vida, está en las manos de Dios; si tengo fe y creo que hay Alguien que no se olvida de mí, aun cuando todos me abandonen; que me ama cuando ya nadie me ama; que vigila cuando todos duermen..., mi vida tendrá sentido.

¡Qué fuerza tiene nuestra fe precisamente en el sufrimiento!

Si en los trances de dolor me acojo al Cristo dolorido, la vida seguirá siendo un «valle de lágrimas», pero mi alma no caerá en el abatimiento. Seguiré quejándome, pero mis quejas serán oraciones, un rezo sublime. Seguiré sufriendo, pero no me desesperaré, y bien es sabido que «no es el dolor lo que mata, sino la desesperación; y no es la fuerza la que da vida, sino la fe.»

II

Con lo dicho acabamos de dar respuesta a una objeción que pueden presentar los hombres superficiales: ¿le es lícito a un cristiano verdadero quejarse?, ¿le es permitido huir de la enfermedad, de la muerte?

Voy a contestar sin ambages ni rodeos. Sabemos que la naturaleza humana teme el dolor, sabemos que quisiera huir de los sufrimientos y de la muerte.

¡Muerte! ¡Perecer! Este pensamiento abruma a todos los hombres, aun al más favorecido de la fortuna, aquel que no siente acaso ningún otro pesar en su vida (si es que existe tal hombre en el mundo). ¿Quién no ha sentido la amenaza más o menos apresurada del perecer? Un día u otro vislumbramos con claridad espantosa lo efímero que es el mundo...

Podemos resumir en tres palabras la historia del hombre. La tuya, como la mía: «Nacemos, sufrimos, morimos.» Unos siglos vienen y otros siglos pasan; hay hombres que nacen y hombres que mueren; se levantan ciudades y desaparecen otras; brillan y caen dinastías de reyes...: todo, todo se encamina hacia el perecer... Hubo un día en que yo también entré en el mundo dando un grito al nacer..., y vendrá otro día en que con otro alarido o queja saldré de esta vida.

¡Qué cosa más aterradora, si aquí se acabara todo, si la vida no fuera más que esto! Sabemos que no sucede así; y, con todo, nos da escalofríos el solo pensar en la muerte. Y no debemos de escandalizarnos de esto, pues es el mismo Dios quien puso en nuestro corazón el amor a la vida.

Un periodista incrédulo pasó por Lourdes y escribió después sus impresiones. Estaba asombrado y escandalizado de algo que le parecía incomprensible: que hombres devotos y fervorosos vayan en peregrinación al santuario mariano a pedir su curación, a pedir un plazo más de vida. ¿Es que no desean ir al cielo, pues tan creyentes son? ¿No es algo ilógico?

¡Oh tú, que sales con tal pregunta!, ¿no has estado aún gravemente enfermo? ¿Nunca has pasado una noche sin dormir con una fiebre de treinta y nueve o cuarenta grados? Quisieras dormir, llegar a conciliar el sueño... por espacio de cinco minutos siquiera..., pero apenas puedes dormir algo..., tus piernas no pueden permanecer quietas..., miras al reloj: ¡las doce y media!

¡Oh, cuánto tardará todavía en venir el alba!... Dime, ¿no has estado nunca enfermo? Porque si has estado, entonces no te sorprenderá que en tal caso el hombre se aferre a cualquier brizna de paja que pueda traerle alivio y... no por esto tiene que renegar de su fe católica. El mismo Señor Jesucristo busco alivio en medio de su gran dolor: «Padre mío, si es posible, no me hagas beber este cáliz» (Mt 26,39; Mc 14,36; Lc 22,42). ¿Y tú quieres que el buen cristiano no sienta el dolor? ¿Quieres que el que cree en la eternidad no pueda conmoverse ante la tumba de sus seres queridos? ¡No, no! No es ésta la fe cristiana. También nosotros nos encorvamos bajo el peso del dolor, pero... no nos quebramos. También nosotros lloramos ante las tumbas..., pero no nos desesperamos, y por eso colocamos sobre las tumbas la cruz de Cristo, que antecede a la Resurrección...

¡Cristo crucificado es el mayor consuelo del hombre que sufre!

La desgracia, el sufrimiento me llega también a mí; me duele, pero nunca pierdo la fe: «Lo que toma Dios, lo devuelve con creces.» ¿Cuándo? No lo sé. Pero sé que todo me lo devuelve con creces. Soy católico y, no obstante, sufro; pero en medio de todos los contratiempos oigo las palabras del Señor, llenas de consuelo:

«Conozco tus obras, y tus trabajos, y tu paciencia... Y que tuviste paciencia, y padeciste por mi nombre, y no desmayaste» (Apocalipsis 2,2-3).

Y no hemos de olvidar la otra gran verdad: El Señor no abandona al que no le abandona primero a Él, y está con nosotros aun cuando, al parecer, no nos atiende.

Santa Catalina de Siena en una etapa de su vida fue atormentada por terribles tentaciones; casi llegó a sudar sangre en una dura refriega que hubo de sostener contra la tentación. Por fin, venció, y el suave gozo del triunfo inundó su corazón. «Oh, Señor —así se quejaba entonces a Jesucristo—, ¿dónde estabas cuando luchaba con tan terribles tentaciones?» Y el Señor le contestó: «En tu corazón.» «Pero ¿cómo es posible? —exclamó asombrada la Santa—, mi corazón estaba lleno de los pensamientos más sucios, ¿y Tú estabas en él?» Entonces preguntó el Salvador:

«Aquellas tentaciones, ¿te gustaban o te dolían?» "¡Ah!, ¡cuánto me dolían!, contestó Catalina. «Pues, ¿ves, hija mía?, el que estos pensamientos te dolieran y no dañaran a tu corazón, fue obra mía: Yo estaba en tu corazón aun entonces y permitía las tentaciones, porque habían de serte provechosas.»

Todos lo hombres sufren, pero sólo los cristianos saben sufrir; todos mueren, pero sólo los cristianos saben morir.

* * *

Cierro el capítulo con el caso de un escritor místico medieval, Taulero.

Este escritor, profundamente religioso, se encontró cierto día con un pordiosero. Cariñosamente le saludó: «Buenos días.» El pordiosero le contestó: «¿Buenos días? Yo nunca he tenido un mal día.»

Taulero se explicó: «Quise decir que Dios te dé suerte.»

Pero objetó de nuevo el mendigo: «Yo siempre tengo suerte.» Volvió a explicarle Taulero: «Quise decir que todo te suceda según tus deseos...»

«Pero es que todo me sucede como lo deseo, y soy feliz», contestó el hombre andrajoso y hambriento.

Quedóse maravillado Taulero. «¿Que tú eres feliz? Pero si ni siquiera lo son aquellos a quienes nada les falta...»

«Sin embargo, yo estoy satisfecho. Sé que tengo un Padre en el cielo que me quiere bien. Cuando el hambre o el frío me atormentan, cuando los desalmados pilletes de la calle hacen befa de mí, no digo más que esto: Padre, ¿Tú lo quieres?, pues también lo quiero yo. De esta suerte todo cuanto quiero se realiza...»

«¿Y si Dios te arrojara al infierno? ¿Aun en tal caso querrías lo que quiere Dios?, preguntó Taulero.

Y le contestó el pordiosero: «¡Aun entonces! Porque tengo dos brazos: la conformidad con la voluntad de Dios y el amor. Y si Dios quisiera arrojarme al infierno, yo me abrazaría con estos dos brazos a Dios y no le soltaría, le arrastraría conmigo al infierno. Y preferiría estar con Dios en el infierno, que sin Dios en el cielo...»

Nuestra vida en la tierra es sufrimiento, dolor, pero no es un infierno.

¡Y aunque lo fuera! Si Dios está conmigo...

¡Hemos de asirnos a la mano de Nuestro Señor Jesucristo! Y hemos de decir: Sí, Señor mío, sufro, pero persevero. Quiero serte fiel hasta que la fe se trueque en visión, el

sesión, el corto sufrimiento terreno en gloria
. vida tan llena de sufrimientos en corona inmar-
. vida eterna.

CAPÍTULO XX

CRISTO, REY DE LOS CONFESORES

Los católicos de Méjico han tenido que soportar terribles persecuciones y han visto correr ríos de sangre cristiana. Allí se prohibió en el año 1927 confesar abiertamente a Nuestro Señor Jesucristo. En México, país completamente católico, se prohibió celebrar la santa Misa, confesar, dar la comunión, llevar colgada del cuello una crucecita. Jóvenes de dieciocho y veinte años de edad fueron ejecutados y murieron con estas palabras en los labios: «¡Viva Cristo Rey!» Algunos obispos fueron encarcelados; muchos sacerdotes, fusilados por orden del Gobierno; merecen mencionarse los PP. Correa, Solá, Reyes y Pro. Por milésima vez se cumplieron las palabras del Señor: «En verdad, en verdad os digo, que vosotros lloraréis y os lamentaréis, mientras el mundo se regocijará» (Jn 16,20). Siempre fue así; los discípulos de Cristo lucharon, lloraron, sufrieron, y el mundo, el enemigo de la cruz, se regocijaba, se exaltaba, triunfaba. Mas también se cumplió, como siempre, la segunda parte de las palabras del Señor: «Os afligiréis, pero vuestra tristeza se convertirá en gozo» (Jn 16,20).

Cristo Rey nunca ha abandonado a los fieles que sufren; de la sangre de los mártires brota el empuje de una nueva vida cristiana, y los que por Cristo perdieron la vida terrena obtuvieron, a trueque de la misma, la vida eterna.

Este capítulo tendrá por tema: Cristo es Rey de los confesores.

Las palabras de Jesucristo se realizaron mucho antes de lo que habrían podido esperar los primeros cristianos. Apenas había el Salvador dejado la tierra y se había despedido de la naciente Iglesia, cuando ya se desató el huracán; éste fue tan violento, que parecía iba a arrancar de cuajo la tierna plantita de la Iglesia.

De todos son conocidas las persecuciones de los cristianos en los tres primeros siglos; todos sabemos de aquellos trescientos años durante los cuales los emperadores romanos reunieron toda su fuerza para ahogar en sangre el Cristianismo, para borrarlo, para exterminarlo de la tierra.

Todas las torturas, todos los horrores, todos los suplicios que es capaz de imaginarse el hombre, fueron puestos en práctica contra los cristianos. Todo lo probaron los enemigos de nuestra fe; y todo sin resultado. Cristo vigilaba sobre su grey atormentada.

Entremos por un momento en los magníficos jardines del primer perseguidor, Nerón; en aquellos jardines adonde afluía la gente noche tras noche para contemplar la iluminación. ¡Una iluminación que pocas veces puede verse en este mísero orbe terráqueo! Cuando el sol se ponía detrás de las colinas romanas y entraba la oscuridad, se encendían en los jardines de Nerón enormes palos bañados de pez; atados a la punta de cada palo ardía y echaba llamaradas el cuerpo de un cristiano... De en medio del griterío de la plebe enloquecida, del crujir de la madera ardiente, de los gemidos de los cristianos que agonizaban, no parece sino que salía la voz del Señor: «En verdad, en verdad os digo, que vosotros lloraréis y os entristeceréis, mientras el mundo se regocijará...» ¡Y al día siguiente, y otro día después, y todos los días durante varias semanas, nuevas iluminaciones, nuevos mártires cristianos!

Vayamos a una función del Coliseo romano. Conocemos los terribles tormentos que sufrieron nuestros grandes héroes, los mártires. Yo creí llegar a comprender todo el horror sangriento de las persecuciones cristianas, cuando por vez primera vi el Coliseo de Roma. Paredes gigantescas, un piso sobre otro piso. Palcos apiñados. Una parte de la arena existe hoy todavía; celdas, jaulas de laberintos subterráneos, que dan escalofríos... ¡y en una profundidad de dos pisos! Ancianos de blanco cabello, jovencitas, jóvenes en todo su vigor: cristianos todos ellos, cristianos encerrados allí, que viven la última noche de su existencia; junto a ellos, en las jaulas, rugen las fieras hambrientas...

Veamos la escena. Una noche de mártires.

Todo el oro y el mármol robado a los países conquistados, todas las mujeres, todos los esclavos, las artes y ciencias que Roma recogió de Europa, Asia y África...; todo está a los pies de aquel pueblo que tiene en sus manos el dominio del mundo. Y todos se dirigen al circo: el emperador y su cortejo, las vestales y los soldados, el pueblo..., un gentío inmenso... De repente cesa el ruido, enmudece el griterío...: todos los ojos se vuelven hacia una puerta, por la que entra un pequeño grupo que se encamina hacia el centro de la arena.

¡Qué escena más conmovedora! ¡Junto a hombres curtidos y jóvenes, hay ancianos, doncellas y niños! Cuando están en el centro del anfiteatro, se abre una puerta y saltan las fieras traídas del África y que han sido privadas de comida durante varios días.

¡El grupo de los cristianos!, ¡todos arrodillados! Un momento más, la última plegaria: «Kyrie, eleison», «Christe, eleison»...!, todavía la señal de la cruz, trazada por última vez..., y sus carnes ya están destrozadas por las garras de los leones y los dientes de los tigres penetran hasta sus huesos. ¡Sangre! ¡Sangre por todas partes!

¡Con abundancia corre en la arena la sangre de los mártires! Y aquel torrente de sangre no parece sino que, entre gritos de júbilo de los espectadores, entre rugidos de leones, desgarramientos de músculos, crujir de huesos, escribe en la arena las palabras de Jesucristo: «En verdad, en verdad os digo, que vosotros lloraréis y entristeceréis, mientras el mundo se regocijará...»

¡Y esto durante tres siglos! No hay tormento, no hay suplicio a que no fuesen sometidos los cristianos. Contamos, no por millares, sino por centenares de miles, la muchedumbre de nuestros mártires, el número ingente de los que dieron por Cristo el mayor tesoro que poseían en esta tierra, la misma vida, y no tuvieron otro pecado en este mundo que el de ser discípulos de Cristo y no abandonarle jamás.

A veces parecía que ya iban a cantar victoria las persecuciones. Uno de los emperadores, Diocleciano, hasta mandó acuñar una moneda con esta inscripción: *Nomine christianorum deleto*:

«En memoria de la destrucción del nombre cristiano.» Pero Cristo vigilaba sobre su grey atribulada: cuando ejecutaban a un mártir, se levantaban otros de en medio del público con este grito: «¡También yo soy cristiano!» La sangre de los mártires era la lluvia de abril que hizo brotar la vida en el suelo abonado de la Iglesia. Los cristianos eran constantes y esforzados, porque en sus oídos resonaban las palabras de San Pedro: «Carísimos, cuando Dios os prueba con el fuego de las tribulaciones, no lo extrañéis como si os aconteciese una cosa muy extraordinaria. Antes bien, alegraos de ser participantes de la Pasión de Jesucristo, para que cuando se descubra su gloria os gocéis también con Él llenos de júbilo» (1 Pedro 4,12,12).

II

Pero al pensar en la suerte que corrieron los primeros mártires del Cristianismo, se nos presenta espontáneamente la pregunta: el espíritu de los primeros mártires, aquel heroico espíritu de sacrificio, ¿sigue viviendo en sus descendientes, en los cristianos de hoy, en nosotros? ¿Conservamos, siquiera, la brasa de aquel amor a Cristo, que confortó a todos aquellos lejanos mártires hasta en la muerte, hasta en el cadalso? Porque, hemos de saberlo: la persecución de la doctrina de Cristo no ha cesado desde los primeros siglos cristianos, y todavía sigue actuando en el mundo.

Bien es verdad que en nuestros días los cristianos no son perseguidos por los leones y los tigres, no son arrojados a las fieras; a los mártires de hoy no los untan de pez, no los clavan a palos encendidos, no los echan al agua, no los fijan sobre potros de tormento; los horrores de México no dejan de ser excepciones en el mundo moderno civilizado[2]. Pero, aunque las persecuciones no se hagan con leones y tigres, se hacen con algo que acaso es peor que el diente del tigre y la garra del león...; son las armas de la befa, del desprecio, de la risa, del silencio, de la marginación.

Sí, el que en medio de la moderna gentilidad quiere mantenerse fiel al evangelio y a la Iglesia, puede contar con que le será menester el heroísmo de los antiguos mártires. No será destrozado su cuerpo por leones y tigres, pero habrá de sentir los zarpazos de la mofa, se le apuntará con el

---

[2] Hemos vivido la tragedia española, causada por el marxismo internacional. ¿Quién no se conmueve al pensar en el número y calidad de las víctimas inmoladas por el furor rojo? Doce obispos, un Administrador Apostólico, cuatro mil cuatro sacerdotes seculares, dos mil cuatrocientos sesenta y seis religiosos, multitud de religiosas, centenares de miles de seglares han sido vilmente asesinados en la zona roja. ¿Su crimen? Ser católicos y españoles. Leamos las palabras siguientes, escritas por el Papa Pío XI en su Encíclica *Divini Redemptoris*, de 19 de marzo de 1937: «También allí donde, como en nuestra queridísima España, el azote comunista no ha tenido aún tiempo de hacer sentir todos los efectos de sus teorías, se ha desquitado, desencadenándose con una violencia más furibunda. No se ha contentado con derribar alguna que otra iglesia, algún que otro convento, sino que, cuando le fue posible, destruyó todas las iglesias, todos los conventos y hasta toda huella de religión cristiana, por más ligada que estuviera a los más insignes monumentos del arte y de la ciencia.
El furor comunista no se ha limitado a matar Obispos y millares de sacerdotes, de religiosos y de religiosas, buscando de modo especial aquellos y aquellas que precisamente trabajaban con mayor celo con pobres y obreros, sino que ha hecho un número mucho mayor de víctimas entre los seglares de toda clase y condición, que diariamente, puede decirse, son asesinados en masa por el mero hecho de ser buenos cristianos, o tan sólo contrarios al ateísmo comunista. Y una destrucción tan espantosa la lleva a cabo con un odio, una barbarie y una ferocidad que no se hubiera creído posible en nuestro siglo. Ningún particular que tenga buen juicio, ningún hombre de Estado consciente de su responsabilidad, puede menos de temblar de horror al pensar que lo que hoy sucede en España, tal vez pueda repetirse mañana en otras naciones civilizadas.»
Quiera el Señor que tanta sangre derramada sea semilla fecunda de las nuevas generaciones. Cuiden éstas de no apartar su mirada de Dios ni de la patria, para así realizar los ideales de grandeza a que está llamada la España nueva.—(N. del E.) Otro tanto podíamos de los mártires cristianos de la Unión soviética.

dedo y dirán de él que es un anticuado, un troglodita, un fanático, que no sabe disfrutar de la vida. Y que estas armas son más peligrosas que las garras de leones, lo prueba con toda claridad el hecho de haberse logrado con ellas más apostasías que con las fieras.

La persecución no ha cesado en nuestros días. Pero ¿dónde está ahora la valentía de los primeros mártires? Ellos dieron su vida por Cristo, y nosotros nos sonrojamos de arrodillarnos en la iglesia, de santiguarnos al pasar por delante de una iglesia; algo nos impulsa a hacerlo, pero... ¿qué dirán los demás? Los mártires dieron su vida por Cristo, y yo quisiera ir con más frecuencia a confesarme y a comulgar, porque siento que me hace falta, siento que mi alma lo necesita; quisiera, pero... no me atrevo; ¿qué dirán los que me vean? Reconozco que esta conversación que se burla de la moral, que ésta y aquella película, tal y tal libro, tales imágenes, manchan la blancura mi alma; sé que cometo pecado si no lo evito, voy a verlo, si lo leo; quisiera apartarme de todo peligro; pero... ¿qué dirán los demás?, que soy un trasnochado, un fanático de la religión. Y tomo parte en la conversación, y leo el libro, y voy a ver la película, y sufro las burlas que se hacen a la Iglesia, con tal que no se rían de mí.

¡Que no se rían de mí!... Por una sonrisa, por una mirada de ironía, por una amistad mal comprendida, traiciono mi alma, hago traición a Cristo, a Aquel que los primeros cristianos no quisieron abandonar aun en medio de atroces suplicios. Y no eran sólo hombres vigorosos, en la plenitud de la vida, los que no le quisieron abandonar, tampoco desertaron los ancianos, los niños, las mujeres; ¡aquella Felicitas tan maternal, aquel Policarpo de ochenta y seis años de edad, aquella Inés de trece años! En medio de los más crueles suplicios seguía repitiendo Santa Inés:

«Señor, guardo para Ti mi fe; Señor, me consagro a Ti. Tú, Todopoderoso; Tú, digno de adoración; Tú, digno de todo respeto; eternamente bendeciré tu santo nombre.»

¡Y qué fácilmente hubiesen podido librarse! Bastaba una sola palabra. Bastaba que dijeran: «No conozco a Cristo, no adoro a Cristo», y acto seguido se habrían librado de las fieras, habrían apagado la hoguera o los habrían sacado del agua helada en que los habían echado atados de pies y manos. Pero no pronunciaron aquella palabra, sino que en la hoguera ardiente, y delante de la espada, en el aceite hirviente y en el plomo derretido, en medio de los pinchazos de puntas incandescentes, en medio de terribles tormentos... ¡permanecieron fieles a Cristo!

Pidamos a Cristo, al Rey de los confesores, que, aunque estemos acosados con miles de tentaciones, avive en nosotros el espíritu de sacrificio de los primeros cristianos, su valentía retadora de la muerte, el amor que ardía en sus corazones por dar la vida por Él!

Sí: el amor ardiente a Nuestro Señor, porque de esto depende todo.

¿Qué es lo que dio perseverancia, valentía a los primeros cristianos? El amor santo que ardía en su corazón.

Tú, Santa Catalina, ¿qué es lo que te dio fuerza cuando estabas sobre la rueda de suplicio para inclinar tu cabeza bajo la cuchilla del verdugo? Era el amor a Cristo.

Y tú, Santa Cecilia, cuando quisieron asfixiarte con vapor caliente, y cuando el hacha del verdugo descargó el golpe sobre tu cuello, teniendo que sufrir algunos días con aquella herida mortal, ¿qué es lo que te dio fuerza?

Y tú, Santa Lucía, que fuiste traicionada por tu novio, y traspasada después por una espada...

Y tú, San Pancracio, ¿por qué no quisiste sacrificar a los dioses paganos? ¿Qué es lo que te dio fuerza para ser fiel a Cristo, cuando sabías que se te iba a arrancar la vida, tu vida joven, pues no contabas más de catorce años?

¿Y tú San Simeón, que a la edad de ciento veinte años, después de un suplicio de varios días, con entereza de espíritu, triunfaste en la misma crucifixión?

¡Y tú, Santa Inés, descendiente de una noble y poderosa familia! ¡Una preciosa niña de trece años! ¿Por qué has dicho a tu pretendiente, al hijo del gobernador de la ciudad: «Me ha desposado con su anillo mi Señor Jesucristo», cuando sabías que por esta frase encenderían una hoguera bajo tus pies? ¿Por qué dijiste:

«Soy esposa de Aquel a quien sirven los ángeles»? ¿De dónde sacabas energías cuando en medio de las llamas repetías sin cesar: «He ahí que vengo a Ti, a quien amo, a quien busco con toda mi alma, a quien siempre anhelé?»

¿Qué es lo que les dio fuerzas? El amor ardoroso de Nuestro Señor Jesucristo.

¡Ah, si nos contagiase el amor heroico de los mártires, que tanta falta nos hace para dar testimonio de Cristo!

¿Cuándo y dónde lo necesitamos?

Cuando se ridiculiza y hace burla de la religión, y yo quiero mantenerme fiel a Jesucristo. Cuando quiero conservar la pureza de mi alma en medio de tanta podredumbre, tanta sexolatría.

Este heroísmo de mártir lo tenía Grace Minford, una joven americana, que se convirtió del protestantismo a la religión católica, y entró después en un convento. Poco después murió su padre, dejándole una fortuna de doce millones y medio de dólares —¡una suma fabulosa!— con la condición de que abandonase el convento.

¿Qué contestó la joven? «Mi Padre celestial es más rico que mi padre terreno y me otorgará un herencia mucho mayor», y perseveró en el convento, perdiendo el dinero de la herencia.

¡Heroísmo de mártir!

Heroísmo ha de tener el empleado que con valentía no esconde su fe católica ante los demás, sabiendo que no es hoy la mejor carta de recomendación para abrirse camino, para lograr ventajas materiales.

Heroísmo para que las preocupaciones materiales de la vida diaria —trabajo, estudio, ocupaciones— no sofoquen la vida espiritual.

Las palabras del Señor: «Vosotros lloraréis y os entristeceréis mientras el mundo se regocijará», tienen su cumplimiento, no sólo en el pasado, sino también hoy. Los discípulos de Cristo tienen que sufrir muchas veces cuando los hijos del mundo, es decir, los malos, se lo pasan bien. El modo es lo único que ha cambiado. Antiguamente los cristianos sufrían las garras de los leones; hoy, los dardos de la ironía y de la calumnia. Antiguamente había que morir por Cristo; hoy, tal vez, el sacrificio está en perseverar fieles a Cristo en la vida diaria.

III

Pero, gracias a Dios, la profecía del Salvador no acaba con esto. Tiene una segunda parte, y muy consoladora. «Os entristeceréis, pero vuestra tristeza se convertirá en alegría», en un gozo que nunca pasará.

Y si vemos cumplida la primera parte de la profecía en el decurso de la Historia, ha de constar que también se realizó la segunda parte. Jesucristo predijo que su Iglesia sería perseguida, que el que quiera seguirle a Él habría de cargar su cruz sobre los hombros. Pero dijo también que «su yugo es suave y su carga ligera» y que las puertas del infierno no prevalecerán contra su Iglesia. La historia de ésta, dos veces milenaria, rinde brillante testimonio a favor de las palabras de Cristo.

¡Cuántas persecuciones ha tenido que sufrir la Iglesia!, y, no obstante, sigue rejuveneciéndose constantemente.

De los treinta y dos primeros Papas, treinta murieron mártires.

El emperador Adriano hizo colocar en el Calvario la estatua de una diosa pagana: Venus; y sobre la tumba del Redentor, la estatua de Júpiter... ¿Y quién habla hoy de Venus? ¿Y quién rinde culto a Júpiter? En cambio, la quinta parte de la humanidad, sin contar los protestantes y cismáticos, adoran a Jesucristo, que murió en el Calvario y resucitó al tercer día.

En el furioso alboroto de la Revolución francesa se puso a votación esta pregunta: «¿Hay Dios?» Y, en medio de las miradas asesinas, no hubo más que una pobre viejecita que se atreviese a levantar su mano temblorosa por los intereses de Dios: "¡Por Dios, por Dios!» Y siguen los hombres adorando a Dios.

Continuamente nos quejamos de lo malo que está el mundo actual, de la aridez espiritual en que está sumida una gran parte de la humanidad moderna. ¿Quién puede negar que en torno nuestro haya muchas almas que han perdido la fe y se han alejado de Dios? Desgraciadamente, es esto una cara de moneda. Pero en la otra cara, hay un panorama mucho más edificante y consolador: cuántos cristianos perseveran en la fe y viven una vida consecuente con ella. Vemos que se cumplen las palabras del profeta: «¡Hay siete mil hombres que nunca doblaron su rodilla ante Baal!» (3 Reyes 19,18).

* * *

La Iglesia, nuestra Madre, siempre ha sido perseguida, siempre ha sido condenada a muerte y, sin embargo, sigue viva y extendiéndose.

Se levantaron y perecieron ilustres dinastías, nacieron y murieron los diversos imperios a lo largo de los siglos; mas la Iglesia católica, tantas veces atacada y perseguida, sigue desafiando con firmeza la tempestad de los tiempos; y es de notar que no puede apoyarse en una fuerza armada, no tiene cañones, ni ejército, carece de fortuna y otros recursos humanos; pero posee... una palabra, la gran promesa de su Fundador: «Las puertas del infierno no prevalecerán contra ella» (Mt 16,18).

Y en los corredores subterráneos de las catacumbas, donde el Cristianismo perseguido pasó trescientos años, hoy resuenan todavía vibrantes oraciones llenas de gratitud que cantan millares de peregrinos.

En el lugar del palacio en que el emperador Maximiliano preparó una de las persecuciones más sangrientas contra los cristianos, hoy se levanta un templo magnífico, la Basílica de San Juan de Letrán. Un sinnúmero de templos, cuadros, estatuas, fiestas… pregonan el culto de los millares y millares de mártires.

Y allí donde estaba la tumba de Nerón, se levanta en la actualidad un templo en honor de la mujer bendita, la misericordiosa, la dulcísima Virgen María, Santa María *del Popolo*.

Y sobre la tumba de aquel modesto pescador, al que el mundo hace siglos clavó en una cruz con la cabeza hacia abajo, por predicar la doctrina de Cristo, hoy resplandece el templo más precioso del orbe, la Basílica de San Pedro; y la luz de las lámparas que arden sobre la tumba del príncipe de los Apóstoles no parece sino que escribe sobre las paredes de mármol la segunda parte del vaticinio de Cristo: «Os entristeceréis, pero vuestra tristeza se convertirá en gozo.»

Y, sin embargo, todo este brillo exterior no es más que el premio terreno de los confesores cristianos. No sabemos, a lo más podemos barruntarlo, cuál será su premio en el cielo, el galardón que les habrá otorgado Cristo, quien dijo en una ocasión: «A todo aquel que me reconozca delante de los hombres, yo también le reconoceré delante de mi Padre, que está en los cielos.»

Pero hay algo que sí sabemos con certeza.

Sé que de los dos campamentos, el de los discípulos de Cristo y el del pecado, también hoy están uno enfrente del otro.

Sé que pisar las huellas de Cristo significa también hoy abnegación, sacrificio, mientras que es fácil la vida frívola del mundo.

Sé que los fieles imitadores de Cristo muchas veces tienen que padecer, mientras que los hijos de la iniquidad se regocijan.

Y sé también que más vale sufrir en este mundo con Cristo qua regocijarse con los pecadores.

Permíteme una pregunta, lector amigo:

¿Con qué bando quieres ir tú?

¿Quieres alistarte en el campamento de Cristo o en el del pecado?

CAPÍTULO XXI

CRISTO, REY DE LA VIDA HUMANA

¡Cristo es Rey de la vida humana!

¿Qué valor tiene para un católico la vida?

No es ninguno de estos dos extremos: ni el excesivo goce de la vida mediante el lujo desenfrenado, los placeres, o el culto del cuerpo; ni el otro extremo, el desprecio frívolo de la existencia, que puede llegar hasta el suicidio.

La Iglesia católica siempre ha mirado con seriedad y respeto la vida y la salud. Nosotros no afirmamos lo que tantos defienden equivocadamente: que «la salud es el mayor bien del mundo» — apreciamos mucho más el alma—; pero sí confesamos abiertamente que «la salud es el mayor de los bienes terrenos»; que es lícito, aún más, necesario, hacer por ella sacrificios; y que nadie tiene derecho de abreviar un día ni una hora el tiempo que le fue designado por la Providencia.

Por tanto, el católico concede todo el derecho que legítimamente le corresponde a la salud, al cuidado del cuerpo, porque bien sabe que con un cuerpo enfermizo no se puede hacer mucho. ¿No es acaso en esta vida donde nos santificamos y nos hacemos merecedores de la vida eterna? Hemos de merecerla mediante un trabajo honrado, el cumplimiento fiel del deber, el apostolado... Y para ello se necesita un cuerpo robusto y sano.

La religión católica habla continuamente de la vida eterna y nos alienta sin cesar a merecerla; mas no por ello se olvida de esta vida terrenal. No sólo el alma del hombre es santa, sino que santo también es el cuerpo, ya que es don del Dios creador.

Por la misma razón, la Iglesia siempre trató con santa solicitud el cuerpo humano y siempre lo respetó. En el bautismo, por el que nos recibe la Iglesia, el agua bendita toca nuestro cuerpo bendiciéndonos; en la confirmación, el crisma usado por el obispo unge el cuerpo; y en el entierro, el agua bendita toca de nuevo nuestro cuerpo. Para nosotros la vida terrena no es un castigo, como lo es en la doctrina nebulosa de la reencarnación asiática. No. Para nosotros la vida terrena es el medio que Dios nos da para alcanzar la vida eterna.

No obstante, la Iglesia exige que seamos duros con nosotros mismos, que tengamos disciplina, abnegación...

No lo exige por la abnegación en sí, sino para asegurar la armonía entre el cuerpo y el alma. Esta armonía fue perturbada con el pecado original. Desde entonces el cuerpo se inclina al pecado y no podernos recuperar la supremacía del alma sobre el cuerpo a no ser que con una severa disciplina.

Siempre la Iglesia ha sabido apreciar esta vida terrena y le ha dado la importancia que se merece. Ella estima en su justo valor la vida corporal y todo lo que se requiere para estar sano.

Hubo sectas exotéricas (los gnósticos, los maniqueos) que en el cuerpo humano veían la obra del Príncipe del mal, y consideraban que la vida terrena era un suplicio. La Iglesia los tachó de herejes. Pero del mismo modo declaró herejes a otros fanáticos que, interpretando erróneamente la palabra del Señor, exigían a todos una pobreza extrema y la distribución de sus bienes.

La Iglesia siempre enseñó que no sólo el excesivo bienestar es enemigo de la vida religiosa, sino que también lo es la pobreza, la miseria extrema. El excesivo bienestar nos hace delicados y tibios; la gran miseria, despiadados; el bienestar enorgullece; la miseria desespera; el bienestar incapacita al alma para vivir las exigencias de la fe; la miseria insensibiliza. Para poder responder a la fe religiosa, es menester que el hombre no carezca de las condiciones más elementales de la vida, de las condiciones mínimas. La Iglesia siempre lo ha sabido y siempre lo ha enseñado.

Así se comprende por qué la Iglesia ha defendido siempre la vida y la invulnerabilidad del cuerpo humano.

El que no se cuida de su salud como es debido, comete un pecado. Amputarse un dedo, como antes algunos hacían para librarse del servicio militar obligatorio, es pecado. Y si alguien se suicida, comete uno de los mayores pecados.

¿Por qué es tan grave pecado el suicidio?

Porque el suicida toca un tesoro que no es suyo: la vida; y comete un pecado que no puede reparar ya nunca; con la muerte se cortan todas las posibilidades de una reparación.

Ciertamente, la Iglesia conoce muy bien aquellos argumentos sentimentales con que el espíritu desviado de nuestra época cubre de cierto encanto y viste de heroísmo a los suicidas; conoce, además, la terrible situación económica en que algunos pueden encontrarse; y, no obstante, se mantiene firme en su actitud: siempre y en todas las circunstancias considera el suicidio como uno de los mayores pecados.

Quiero expresarme con claridad: nosotros no condenamos a nadie, dejamos el fallo al Señor. Sólo Dios puede juzgar en qué grado de normalidad o anormalidad se hallaba aquel pobre desgraciado, aquel hermano nuestro, de alma deshecha y rota, en el momento de levantar contra sí la mano suicida.

A pesar de todo, la Iglesia no puede cambiar su posición doctrinal; no puede cambiar su criterio de que sólo nos puede quitar la vida Aquel que la dio: el Creador, y que ni la enfermedad, ni la muerte de los seres queridos, ni la pérdida de la fortuna, ni el desengaño, ni las ilusiones frustradas, ni la deshonra, ni la bancarrota, ni ninguna otra prueba nos dan derecho a quitarnos la vida.

«¡Pero mi vida es mía, es mi propiedad personal! Puedo hacer de ella lo que se me antoje. ¿Y qué te importa si yo me la quiero quitar?», habrá quien diga desesperado.

¡No, hermano! Posees un cuadro de arte. Es obra de un pintor famoso. Lo has comprado. Lo has pagado. El cuadro es tuyo. Y, no obstante, ¿no puedes destruirlo a tu capricho? No. Obrarías muy mal si lo hicieras. Y tratándose de la vida, ella es incomparablemente más valiosa que el mejor cuadro, y además porque tu vida es tuya en contraposición conmigo, es tuya y no mía; pero no lo es en contraposición con Dios; no puedes decir: es mía y no de Dios; es tuya en la medida que Dios te la concede en usufructo, y Él te la otorga para que fructifique en buenas obras hasta que te la pida. Eres usufructuario y no propietario absoluto.

«¡Pero es tan dura la vida! ¡Cuando no hay la más mínima alegría, cuando se ha de luchar continuamente!...»

Ni aun entonces. Esta vida terrena es realmente muy imperfecta; no es más que un estado de transición. Y si el sufrimiento te conmueve, si la tristeza hace brotar lágrimas de tus ojos, se comprende. Pero ¿romperla, aniquilarla?...; ¡no, nunca!

«¡Pero es que todo se ha derrumbado en mi vida! Una mala administración, una estafa, unas decisiones que tomé equivocadas... pesan sobre mí y me agobian. Estoy hundido...

¡Que por lo menos pueda reparar mis equivocaciones!»

¿Reparar? Sí; todo pecado exige reparación. Pero dime:

¿reparar es cerrar tras de ti la puerta? ¿Es hacer imposible cualquier clase de reparación? Reparar lo que hiciste mal es tener valor para corregir tus yerros, para empezar una vida nueva. Puedes reparar con tu trabajo de aquí en adelante el pecado cometido. Pero no es reparación, sino cobardía, poner punto final con la bala de un revólver a una vida equivocada; no es expiación, sino cobarde fuga, porque te niegas por evitarte malos ratos a pagar lo que debes.

Es una manera de pensar completamente desatinada e injusta.

Si echamos una mirada en torno nuestro, vemos con asombro que esta manera de pensar completamente insensata, y, por consiguiente, el suicidio, se esta difundiendo enormemente en la actualidad. ¿Desde cuándo? ¿desde que hay muchos desengaños amorosos?, ¿desde que hay muchos «suspensos» en los exámenes?, ¿desde que va mal la Bolsa?... No; esta clase de males no es cosa nueva en la humanidad, sino que cunde el mal desde que el pensamiento cristiano, la vida religiosa, se debilitaron en los hombres.

Para muchos, la vida terrena ha perdido su valor. ¿Cómo hemos llegado a tan fatal consecuencia? Olvidándonos de la vida eterna. ¡Qué extraño suena!, y no deja de ser verdad: la columna, la fuerza, el contrafuerte de esta vida terrena es justamente la vida eterna.

Los desgraciados alegan diversos motivos para explicar su acción: desgracia, crisis económica, enfermedad, desengaños... Pero ¿quién duda de que la mayoría de los casos podrían evitarse si se les hiciera comprender que tendrán que dar cuentas a Dios, y que no está todo perdido, que la esperanza no se puede perder nunca cuando se pone la confianza en el Señor, dispuesto siempre a escucharnos?

He ahí una gran verdad, una gran lección sacada de la experiencia: la vida humana, la vida social, necesita del apoyo de la religión. Se minan los fundamentos de la sociedad cuando mengua la influencia de la religión.

No puede haber sociedad sin religión, Estado sin religión, sería una locura, un auténtico asesinato. No sé dar con otra palabra; el que separa el cuerpo del alma es un asesino. Y la religión es el alma de la sociedad.

La vida digna del hombre y la religión forman un solo conjunto, como el cuerpo y el alma. El cuerpo es el Estado; su fin, la prosperidad natural del pueblo. El alma es la religión; su fin, la felicidad eterna del hombre. Hoy vemos en muchas partes cómo tratan neciamente muchos partidos e ideologías de que el Estado no se preocupe de la religión, que no sea la religión el alma del Estado... Examinemos un poco adónde llega el hombre sin Cristo.

Páginas y más páginas podría escribir sobre este punto, contando casos a cual más inverosímiles. Transcribo algunos cogidos al azar; estos pocos bastarán para sentir cómo se envilece el hombre, cómo baja su nivel espiritual, cómo desaparecen de su rostro los rasgos humanos, si durante su peregrinación terrena se aleja de Jesucristo.

Algunas veces me basta una pequeña noticia de periódico para comenzar mis reflexiones. Por ejemplo: la Administración de Correos de los Estados Unidos de América comunicó la noticia de haber adoptado una nueva medida a manera de prueba, la cual dio muy buenos resultados. Añade que, pasada la prueba, se adoptará definitivamente y la recomienda con empeño a los interesados.

¿Cuál es la innovación? Que el correo se compromete a transportar a muy buen precio, como «muestra sin valor», la ceniza que queda de los cadáveres quemados. Con un gasto ínfimo, cualquiera puede mandar por Correos las cenizas del ser querido..., «muestra sin valor»... ¿Es motivo para escandalizarse? A algunos les parecería que no, pero si lo es si lo pensamos un poco... ¿No sentimos todos que aquí algo flaquea?, ¿que le falta algo al juicio de los hombres?

No hace mucho murió en Varsovia un ladrón famoso; un gentío inmenso asistió a su entierro. En otros tiempos, la presencia en un entierro era homenaje al finado; de ahí el nombre de «honras fúnebres». Hoy muere un cabecilla de bandidos o se suicida un hombre desesperado, y los hombres y las histéricas, y las no histéricas, excitadas por las noticias sensacionalistas de los periódicos, son capaces de esperar durante largas horas con tal de presenciar el momento del entierro. Científicos de gran valía, artistas, padres de familia que cumplen hasta el extremo con heroísmo silencioso su deber, son acompañados por unos pocos en el último camino; pero desde el momento que se trata de un asesino o suicida, los periódicos lo publican con numerosas fotografías y al entierro asiste un inmenso gentío. ¿No sentimos todos que algo flaquea en el juicio de los hombres?

¿Y qué decir de los que están a favor del «suicidio asistido» y de la eutanasia que, mediante conferencias y artículos en los medios, inducen a la gente a que acabe con su propia vida?

¡Qué hecho más terrible —y que nadie siente, al parecer, espanto—, que junto a los puentes tengan que poner vallas y rejas para que la gente no se arroje! ¿No sentimos que hemos perdido a Cristo? ¿No sentimos todos la bancarrota definitiva de la incredulidad?

¿Dónde está el mal? En que hemos olvidado que Cristo es también Rey de esta vida terrena; no pensamos que hemos de vivir según la doctrina de Cristo.

No lograremos remedio más que en Cristo. Es la única forma eficaz de prevenir el suicidio.

Hemos de hacer todo lo posible para defender la vida humana. Hemos de tener compasión de los suicidas. Conforme. Pero... se debería prohibir publicar en los medios los artículos que describen en detalle cómo se suicidó tal persona. Todas las medidas preventivas son justas y loables...

Pero ¿cuándo tendrán eficacia todas estas medidas? Cuando vayamos a beber nuevamente a la fuente de las guas vivas; cuando volvamos a vivir de fe, y caigamos en la cuenta que esta vida es el tiempo de prueba que nos ha concedido Dios para parecernos a Él en el amor, cumpliendo su voluntad. No nos es lícito abandonar el puesto de centinela que nos ha destinado, no nos es lícito huir cobardemente, sino que hemos de perseverar en medio del fango y la tempestad, haga sol y hiele, en la bienandanza y la desgracia, cumpliendo siempre con nuestro deber.

«Quien tiene oído escuche...: Al que venciere Yo le daré a comer del árbol de la vida, que está en medio del paraíso de mi Dios» (Apocalipsis 2,7).

* * *

Cristo es Rey de toda nuestra vida, y tan sólo una fe viva anclada en Cristo es capaz de ayudarnos cuando ella se nos hace dura.

Necesitamos de pasamanos cuando vamos subiendo por caminos empinados y bordeados por abismos que dan vértigo. Este camino empinado es la vida; el pasamanos es la fe.

Necesitamos la fuerza para seguir viviendo, la fuerza de la fe.

Hoy asistimos a un gran combate: el combate desesperado de lo divino y de lo diabólico, de lo bello y de lo feo, del concepto cristiano y del concepto pagano de la vida.

Con Cristo, la vida tiene sentido, aunque esté llena de luchas; sin Cristo, la vida no merece ser vivida. Escojamos, pues:

¿Cristo, o el Anticristo? ¿Dios, o Satanás?

¿El reino de Dios en la tierra, o el infierno oscuro de una vida sin sentido?

¡Señor! ¡Mi cuerpo, mi alma, todo es tuyo! Dame fuerzas, salud, un cuerpo robusto, un alma limpia, para que todos mis trabajos sean una alabanza continua en tu honor.

¡Que sea yo el arpa, y Tú el canto que brota de ella!

¡Que sea yo el fuego y arda en mí tu amor!

¡Que sea yo el roble, y seas Tú quien me tenga en pie!

¡Que sea yo tu hijo obediente en este mundo, para que pueda ser un día tu hijo feliz en la vida eterna!

CAPITULO XXII

CRISTO, REY DE LA MUJER

En los comienzos del siglo V después del nacimiento de Nuestro Señor Jesucristo, Roma pasaba por días luctuosos: después de ser devastaba por la migración de varios pueblos, las tropas de Alarico habían acabado de despojar la ciudad, tan poderosa un día, dejándola en una miseria propia de mendigos. Los nobles paganos hacían amargos reproches a los cristianos.

«Vosotros sois la causa de todo esto», les decían.

«¿Nosotros? —gritó San Agustín en su libro *De civitate Dei*—. ¿Nosotros?, ¿por haber derribado los ídolos? Todo lo contrario: esto sucede porque aún hay demasiados ídolos, porque aún seguís creyendo en ellos. Por esto nos cae encima la desgracia.»

También cruje el mundo moderno. ¿Es acaso porque somos cristianos? Todo lo contrario: porque no lo somos, porque no seguimos bastante a Cristo. La humanidad, la sociedad, la familia moderna, conservan aún demasiados ídolos. La idolatría continúa en torno nuestro, tenemos criterios paganos, tenemos un concepto de vida completamente pagano, idolatramos los goces, a manera de los gentiles; por esto se tambalea el mundo. Ya hemos visto en los capítulos anteriores a dónde va a parar la humanidad si se separa de Cristo. Ahora llegamos a un nuevo tema, muy importante. Trataremos de la gran cuestión de la mujer, con este título: Cristo, Rey de la mujer.

La «cuestión de la mujer» es, sin duda alguna, uno de los problemas más manoseados de nuestra época: habla de la mujer el médico, el político, el sociólogo, el teatro, la literatura; también el sacerdote ha de hablar. Examinemos cuál es el concepto de Jesucristo y de su Iglesia respecto de la mujer. Quiero aclarar dos puntos: I. A qué altura ha llegado la mujer con Cristo, y II. Qué sería de la mujer sin Cristo.

I

¿Qué debe la mujer a Cristo? Basta mirar cuál fue su suerte antes de que el Verbo se hiciera carne. ¡Qué vida más humillante tuvo aun en la culta sociedad griega!

Es cosa harto sabida que la mayoría de los habitantes de Grecia se formaba de esclavos. Como a los esclavos se les prohibía, en general, el matrimonio, tal hecho acarreaba la consecuencia de que la mayoría de las jóvenes griegas no podían casarse. Por tanto, lo que les cabía en suerte era una espantosa degradación moral. Y si una esclava llegaba a casarse, su matrimonio podía disolverse a beneplácito de su dueño.

No era mejor la condición de la mujer en las altas clases sociales. El joven griego se veía enriquecido por toda la cultura espiritual de su época, mientras que las muchachas no sabían más que bailar y cantar. Dada esta gran diferencia espiritual, no se podía tratar entre hombre y mujer de una perfecta compenetración y unión, de aquella armonía completa sin la cual no es posible una feliz convivencia conyugal. Principalmente, si tenemos en cuenta que no era el joven quien escogía la esposa, sino que se la señalaba el padre.

¿Y la situación de la mujer en el matrimonio? Tenía aposentos apartados en la casa y no podía abandonar la dependencia consagrada a las mujeres, a no ser para prácticas religiosas; había guardias especiales para que la mujer nunca pudiese salir de casa. Cuando al esposo se le antojaba el divorcio, era libre de su mujer. La mujer no podía realizar contratos de negocios, no podía comprar, no podía servir de testigo. Cuando se quedaba viuda, el hijo mayor era su tutor...

¿Encontraba por lo menos su alegría en los hijos? Ni en ellos. El padre tenía derecho a fallar al quinto día después del nacimiento del hijo, si quería aceptarlo o si prefería echarlo para que pereciese de hambre. Y cuando el niño salía enfermizo o era muchacha la recién nacida, no le costaba al padre fallar sobre el asunto. Más le cuesta hoy al ama de casa escoger entre los gatitos recién nacidos cuál ha de conservarse. Es algo que espanta, pero así sucedía. La mujer griega no tenía dignidad, no tenía libertad, no era amada, y se veía privada de toda clase de derechos. Que el pueblo griego en el apogeo de su cultura se haya quedado atrás en punto a la humanidad y elevación moral, no lo achacamos al mismo pueblo, sino a la mezquindad humana, que va titubeando en la oscuridad si no es iluminada por la luz de Cristo.

Y si tal era la suerte de la mujer en el seno del pueblo más civilizado de la antigüedad, ¿qué podemos esperar de los pueblos bárbaros? ¿Puede causarnos maravilla si los hombres sencillamente se compraban la esposa y el padre vendía su hija al pretendiente? ¿Que la poligamia haya estado de moda? ¿Que todo el peso del trabajo cargase sobre la mujer?...

¡Oscura, muy oscura era la noche de la mujer antes de Cristo!

Y esta noche oscura se ve de repente iluminada por la luz tenue de la estrella de Belén. Llega Cristo; regocijaos todos los oprimidos, todos los pecadores, los pobres, los niños, las mujeres...; regocijaos.

¿Qué debe la mujer a Cristo? En primer lugar, que el hombre se haya dignado hablarle como a una persona de igual rango. Esta proposición no ha de sorprender a nadie. A los escribas y doctores judíos se les prohibía hablar con una mujer, aunque ésta fuera su propia hermana. Nuestro Señor Jesucristo rompió con esta regla humillante. ¿Qué nos dice la Sagrada Escritura al describir la escena en que Jesucristo platica con la Samaritana? Cuando los discípulos vuelven de la ciudad y encuentran al Señor hablando con la Samaritana junto al pozo de Jacob, consigna la Sagrada Escritura: «Sus discípulos extrañaban de que hablase con aquella mujer» (Jn 4,27). Pero el Señor no inquietó por ello, y éste fue un paso decisivo en favor del aprecio, de la emancipación de la mujer.

Ahí están, además, las hermosas parábolas del Señor, en que tantas veces se acuerda en tono cariñoso de los pesares, de los sufrimientos, de los quehaceres de la mujer. Sócrates, el gran sabio, cuando se empezaba a hablar de filosofía, hacía salir del cuarto a las mujeres, para que no turbaran la sabiduría de los hombres; en cambio Cristo, la luz del mundo, saludaba con benevolencia a las mujeres de su auditorio, a las madres, y con ello daba a entender que ellas tienen también un alma inmortal tan valiosa como puede ser el de los hombres. Realmente Cristo es Rey de las mujeres.

¿Y he de recordar aún otros hechos del Señor? ¿He de resaltar aún más el corazón amoroso de Cristo? Mirémosle, pues, cuando resucita al hijo de la pobre viuda de Naim; ¡qué compasión debió de sentir para con aquella madre deshecha en llanto!

Mirémosle cuando bajo el fuego de las miradas escandalizadas de los fariseos habla amorosamente a la Magdalena arrepentida, tan avergonzada de sus culpas; ¡qué compasión debió de sentir para con ella! Escuchemos cómo confunde la soberbia de los fariseos cuando arrastran a sus pies a la mujer pecadora para que sea apedreada; ¡con qué amor lleno de perdón le habla! Y mirémosle cuando cargando con la cruz y cubierto de sangre, cuando más consuelo necesitaría, se olvida de sí mismo y consuela a las mujeres que lloran. ¡Oh!, ¿es necesario insistir todavía en lo que debe la mujer a Cristo, quien las eligió a ellas, las que habían ido a visitarle a la tumba, para que fuesen las primeras en conocer que había resucitado, y llevasen tan alegre noticia a los apóstoles?

Y del mismo modo que respetó Cristo a la mujer, la respetó también la Iglesia, el Cristo místico que sigue viviendo entre nosotros. No se puede enumerar el cúmulo de bendiciones que brotó de la actitud de la Iglesia para la mujer.

Ya en los primeros siglos del Cristianismo la Iglesia se vale de las mujeres, a las que Dios ha dotado de maravillosas cualidades, para ejercer por doquier la caridad cristiana en todas sus manifestaciones; aún más, en la Edad Media les franquea el paso a las academias. Por tanto, la educación espiritual, la instrucción y elevación de la mujer no es una obra de los nuevos tiempos, sino de la Edad Media católica, a la cual se le da el epíteto irónico de «oscura». Tenemos datos para demostrarlo. Tenemos datos de que cuando Rousseau escribía a D'Alembert y le decía que la mujer no puede tener talento ni sentido del arte; cuando Kant pregonaba a los cuatro vientos que a la mujer le basta con saber que en el mundo existen otros universos y otras bellezas que no sean ella, ya entonces, y aun mucho antes, en el siglo XII, la Iglesia había promovido a las mujeres para que ocupasen cátedras en las Universidades de Salerno, de Bolonia, de Padua.

Jesucristo fue quien mostró por vez primera la hermosura del alma femenina, y gracias a Cristo la mujer ha llegado a ser lo que es en la actualidad: compañera del hombre, consorte de igual jerarquía que él. Únicamente el Cristianismo ha reconocido como nadie la belleza del alma femenina —la Virgen María es el mayor ejemplo—, y las extraordinarias con que Dios las ha dotado: gran corazón, ternura, belleza, capacidad de entrega y de sacrificio, delicadeza de espíritu, fina sensibilidad para el cuidado las personas, sobre todo de los más pequeños y débiles, etc.»

II

Pero al llegar a este punto de nuestro razonamiento se nos ocurre otra pregunta importante: ¿Vive en la conciencia del hombre moderno, y principalmente en la conciencia de la misma mujer, este altísimo concepto respecto a ella? Y con pena constatamos que el sublime concepto cristiano, muchas veces por culpa de las mismas mujeres, pierde cada vez más de su contenido, y de día en día suena más a frase vacía.

Un filósofo dijo en cierta ocasión que una frase grandilocuente es como avellana agujereada; es decir, es una cáscara sin grano, un nido sin pájaro, un casco de caracol, una casa sin habitante. Con dolor hemos de hacer constar que el ideal de la «mujer» también corre peligro de ser nada más que una de estas frases vacías. En el mundo cristiano la mujer significaba una cosa sublime; hoy ha perdido mucho de su antiguo significado y pleno contenido.

Tres concepciones sobre la mujer están en boga: una es profundamente humillante; la otra, superficial; la tercera es la concepción seria, cristiana.

La primera —la más humillante— es la concepción que todavía permanece del antiguo mundo pagano. Sólo quiero mencionar un ejemplo muy típico. El Sha de Persia solía ir con frecuencia a Karlsbad, a disfrutar del magnífico balneario, y tenía como cosa de lo más normal que, a la llegada, sus numerosísimas esposas fuesen trasladadas en coches cerrados de la estación al hotel, que allí estuviesen encerradas durante todo el tiempo, y que, a la hora de la partida, otra vez fuesen llevadas en coches cerrados a la estación. Una vida para la mujer peor que la de los podencos.

¡Adónde llega la mujer sin Cristo! Porque tal concepto bochornoso tocante a la mujer no es exclusivo, por desgracia, del Sha de Persia o de los jeques musulmanes.

Muchos hombres, que se dicen modernos, no ven en la mujer más que un objeto de placer, una muñeca deliciosa para entretenerse; algo del que se puede usar y tirar, tal como se constata por el gran número de madres solteras que hay en la sociedad, las cuales fueron vilmente engañadas por hombres que decían amarlas; o se constata por el gran número de divorcios que se dan, en que muchas veces el hombre repudia a su mujer porque ha perdido el atractivo que tenía de joven.

¿Cuál es el criterio del Cristianismo en esta cuestión? Examinémosla detenidamente; veamos qué contiene el Antiguo Testamento tocante al hombre y a la mujer.

Después de la caída de nuestros primeros padres oímos las palabras del Señor: «Por haber escuchado la voz de tu mujer y comido del árbol del que yo te había prohibido comer, maldita sea la tierra por tu causa: con grandes fatigas sacarás de ella el alimento todos los días de tu vida. Espinas y abrojos te producirá... Comerás el pan con el sudor de tu frente, hasta que vuelvas a la tierra..., pues polvo eres, y a ser polvo tornarás» (Génesis 3,17-19).

He ahí la misión del hombre, según el mandato de Dios. Nosotros, los hombres, hemos de cavar la tierra, trabajar duramente. Nosotros sacamos del fondo de las minas el hierro y el carbón; nosotros regimos la vida industrial y fabril; nosotros sembramos y recogemos las mieses; nosotros sacamos la piedra de la cantera y construimos las casas; nosotros tendemos puentes sobre los ríos caudalosos, taladramos las rocas para formar túneles, cavamos la tierra para hacer la canalización... Ved ahí: según la voluntad de Dios, el hombre es el obrero del mundo.

¿Y la mujer?

Oigamos las palabras del Señor:

«No es bueno que el hombre esté solo: voy a hacerle una ayuda adecuada» (Gen, 3-18). Y creó Dios a la primera mujer, sacándola de la costilla del hombre.

Y prosigue el Señor, después de la caída: «Tantas haré tus fatigas cuantos sean tus embarazos: con dolor parirás los hijos. Sentirás atracción por tu marido, y él te dominará.» (Gen 3,16). Esto, por supuesto, no lo quería Dios, son los frutos del pecado, es decir, del egoísmo.

¿Qué concepto hemos de tener, pues, de la mujer? Hemos de preguntar a Aquel que la creó. «Voy a hacerle una ayuda adecuada.» Por lo tanto, la mujer es la ayuda y compañera del hombre. Lo fue y es necesario que de nuevo lo sea. ¿Cómo puede ayudar al hombre? Sobre todo utilizando las cualidades que Dios le ha dado para realizar ciertas tareas, a través de su función de madre y de educadora de sus hijos. Ella es la responsable sobre todo del cuidado del hogar, del cuidado de los hijos, de los enfermos que pueda haber. Los trabajos duros le corresponden al hombre; para la mujer, sobre todo, a atención a los pequeños y los quehaceres de la casa.

¿Se puede dar entonces igualdad entre el hombre y la mujer?

Sí; ante Dios, la mujer y el hombre son completamente iguales en dignidad: los dos tienen un alma y un mismo fin eterno, reciben los mismos sacramentos, aunque tengan en parte cualidades diferentes.

La igualdad no consiste en que la mujer trate de imitar en todo lo que hace el hombre. ¡No, no, no es ésta la igualdad que quiso Dios!

¿Que cómo lo sé? Lo sé porque Dios es el Dios del orden; y no habrá orden hasta que mande uno solo. No puede haber dos cabezas en el hogar. Por lo tanto, la mujer —no por propio mérito, sino por voluntad de Dios— es la ayuda del hombre, y como tal, es la segunda en el orden social.

Nos lo enseña el Antiguo Testamento.

¿Y qué nos dice el Nuevo? En primer lugar, enseña que la mujer tiene la misma dignidad humana que el hombre. «Pues todos los que habéis sido bautizados en Cristo estáis revestidos de Cristo. Y ya no hay distinción de judío ni griego, ni de siervo ni libre, ni tampoco de hombre ni mujer. Porque todos vosotros sois una cosa en Jesucristo» (Gal 3, 27-28).

Pero el mismo San Pablo subraya en otro pasaje la primacía del hombre: «Cristo es la cabeza de todo hombre, como el hombre es la cabeza de la mujer» (Cor 11,3). «No permito a la mujer el hacer de doctora en la Iglesia, ni tomar autoridad sobre el marido: mas estése callada, ya que Adán fue formado el primero y después Eva» (I Timoteo, 12-13).

Y para mejor convencernos de ello, basta contemplar la vida de la Sagrada Familia de Nazaret. Humanamente hablando, ¿quién había de ser el primero allí? Cristo; después, la Virgen María; y, en último término, San José. Y, sin embargo, vemos que el primero era San José; la Virgen María, la segunda; Jesucristo, el tercero.

¡Ejemplo sublime para una vida de familia bien ordenada!

¿Se puede hablar más claramente? El hombre es la cabeza;

¿y no es la cabeza la que dirige? La mujer... es la ayuda. Así está escrito. Y si un movimiento reivindicativo quiere trocar en autoridad para gobernar lo que tiene que ser una ayuda, aunque se llame a esto emancipación de la mujer, no es conforme con el plan de Dios creador.

La mujer puede trabajar fuera del hogar, si es de su agrado o si lo necesita por los bajos ingresos de la familia, pero no es su tarea principal, que está en el hogar.

* * *

No hace mucho, un periódico francés se cuestionó el siguiente fenómeno: ¿Por qué hay más hombres que mujeres en las cárceles? Y como solución el público dio la siguiente respuesta:

«Hay más hombres que mujeres en las cárceles, porque hay en las iglesias más mujeres que hombres.»

Y si seguimos preguntando: ¿Por qué hay en las iglesias más mujeres que hombres? Porque Dios la ha dotado de mayor sensibilidad para lo espiritual.

Por esto, la mujer se daña a sí misma si a renuncia a su religiosidad. ¡Sin Cristo, la mujer acaba convirtiéndose en una esclava del varón, sometida por completo a su capricho!

Es una terrible desgracia perder la fe; pero para nadie lo es tanto como para la mujer. Si la irreligiosidad se venga en alguien, es en primer lugar en la mujer. Porque a Cristo le debe ella su dignidad, su auténtica emancipación, su libertad.

Pobres mujeres, que os tragáis las ideologías de moda; pensad un poco: ¡qué será de vosotras si llegan a triunfar estas teorías! ¡Qué será de vosotras si triunfa la igualdad completa de derechos, si triunfa el casamiento contraído para cierto plazo, si triunfa la disolubilidad del matrimonio!

Examinad un poco lo que pasará. La mujer que no tiene fe, que no tiene religión, que no tiene por Rey a Cristo, estará sometida a la tiranía de la moda, de sus caprichos, de la frivolidad, de su vanidad, de su malicia...

En cambio, ¡cómo se engrandece la mujer cuando es bañada por la gracia de Jesucristo! Pensemos en Santa Juana de Arco, en Santa Teresita de Lisieux, en Santa Teresa de Jesús...

CAPÍTULO XXIII

CRISTO, REY DE LAS MADRES

El presente capítulo examinaremos la más alta misión que Dios le concedió a la mujer: la misión de ser madre.

Dios ha fijado una misión peculiar para cada ser en este mundo. ¿Cuál es la misión primordial, la más peculiar, la más importante de la mujer? La misión de ser madre. Y no sólo en el sentido físico, sino también en el sentido espiritual. Es el punto que quisiera subrayar de modo particular ante aquellas muchachas apesadumbradas, que por motivos ajenos a sí mismas, no han podido casarse. Deberían comprender que, a pesar de todo, ello no les impide aspirar a la maternidad, aunque sea sólo en el sentido espiritual. Porque es el mismo espíritu el que alienta a la mujer para ejercer su papel de madre cuidando y educando a sus hijos, que el que opera en una enfermera, en una maestra, en una religiosa, en una catequista para cumplir su tarea.

Si en las páginas anteriores he mostrado cuánto debe la mujer, en general, a Cristo, quiera marcar ahora lo que le debe en calidad de esposa y madre.

El nacimiento de Nuestro Señor Jesucristo marca la hora de redención para la esposa y la hora de gloria para la madre. Hora de redención, porque el Señor restableció la unidad, la santidad y la indisolubilidad del matrimonio. Son para siempre memorables sus palabras: «¿No habéis leído que Aquel que al principio creó al linaje humano, creó un solo hombre y una sola mujer, y que les dijo: Por tanto, dejará el hombre a su padre y a su madre, y se unirá a su mujer, y serán los dos una sola carne?... Por tanto, lo que Dios ha unido, que no lo separe el hombre» (Mt 19,4-5, 6). Y en otra ocasión dice el Señor: «Cualquiera que repudie a su mujer y se case con otra, comete adulterio, y el que se case con la repudiada de su marido, comete adulterio» (Lc 16,18). Mujeres, madres, ¿no sentís cuánto amor hacia vosotras irradian de estas palabras del Señor?

Pero aún hay más. ¿Sabéis quién promulgó el primer decreto en defensa de la mujer? El mismo Jesucristo, cuando pronunció las siguientes palabras: «Habéis oído que se dijo a vuestros mayores: No cometerás adulterio. Yo os digo más: Cualquiera que mire a una mujer con mal deseo hacia ella, ya adulteró en su corazón» (Mt 5,27-28). Mujeres, ¿no sentís la inmensa gratitud que debéis a Jesucristo?

¿Qué debe la mujer a Cristo?

Le debe, en primer lugar, la indisolubilidad del matrimonio.

¡Cuán triste sería aún hoy la situación de la mujer si el marido pudiera repudiar a su esposa cuando se le antojara! La mujer lo sacrifica todo en el servicio del esposo y de los hijos: su belleza, sus fuerzas, su juventud; pues bien, ¿es lícito repudiarla cuando se marchitó su hermosura? Y ¡cuántos lo harían si fuera posible! Muchas veces la Iglesia ha de sufrir airados reproches de las mujeres que se han divorciado civilmente y que desearían casarse de nuevo: «¡La religión católica es cruel, anticuada, no tiene corazón; no me permite casarme!» Pero mujer, ¿no te das cuenta que la Iglesia te está defendiendo?, ¿no ves que defiende tu dignidad específica, tu categoría de compañera, y no sierva, del hombre?

Madre, debes mostrar una especial gratitud para con el Señor. Debes estarle agradecida porque ya no le es lícito al esposo quitarte al niño de pecho y abandonarlo, condenándolo a morir de hambre. ¡Es mérito de Jesucristo! De Jesucristo, que extendió su mano para bendecir a los pequeños de uno y otro sexo y dijo: «El que reciba a un niño en nombre mío, a Mí me recibe» (Mt 18,5).

¿Qué beneficios deben las madres a Cristo? He ahí el primero: la Virgen María, cuya figura excelsa nos está diciendo a todos los hombres con qué alta estimación debemos tratar a las madres. Todo lo sublime que ha podido crear la Iglesia en arte y liturgia, en cuadros, estatuas, piedras preciosas, música, canto, poesía, lo depositó a los pies de la Virgen Madre; y este culto de la Mujer Bendita, arraigado en el mundo entero, está proclamando en alta voz el gran respeto que se debe tener a las madres, sobre todo a las madres cristianas.

«¡Madre cristiana!» Al escribir esta palabra se agita en mí todo un mar de sentimientos.

«¡Madre cristiana!» Al escribirlo, pienso en todos los pesares y trabajos de una vida llena de sacrificios.

«¡Madre cristiana!» El amor más grande que puede caber en corazón humano.

¡Cuánto debe la humanidad a los sacrificios de las madres!

No hay palabras para describirlo.

¡Mira al científico de renombre, que ha llegado a serlo gracias al cuidado que le prodigó su madre!

¡Mira al sacerdote, cómo lo fue preparando el amor materno!

¡Mira a la madre que vela durante la noche a la cabecera del hijo enfermo; considera la oración de las madres, que sube incesantemente a los cielos!...

¡Cuántos más ejemplos podríamos poner...!

Ten en cuenta todas estas cosas, y quizás llegues a comprender lo que significa el amor de una madre cristiana.

Realmente, entre los dones que Dios nos ha concedido no puede encontrarse uno más excelso que éste: el haber tenido una madre ferviente y cristiana.

Mujer que ostentas el título de madre, ¡sé realmente una madre cristiana!

Se enterraba a una madre. Su hija de dieciséis años se abalanzó hacia el féretro gritando: «¡Madre mía, llévame contigo!»

¡Qué cumplida alabanza para una madre! ¡Cuánto consuela el solo hecho de recordar a una madre así!

II

Hemos visto a qué altura levantó Cristo la dignidad de madre; estudiemos ahora cómo se deshace, cómo perece tal dignidad si se prescinde de Cristo.

Contemplemos una hermosa imagen de la Virgen con el Niño Jesús en sus brazos. Si hiciésemos una estadística para conocer qué tema ha sido el más tratado por los pintores, creo que no podría ser otro que el de la Virgen con el Niño en sus brazos. Es decir, la maternidad, ¡la tarea más importante del mundo!

Pero hoy vivimos en un mundo en que se intenta por todos los medios posibles de despojar a la mujer de su dignidad más excelsa. Hoy está de moda esquivar la maternidad, incluso avergonzarse de la maternidad. No es nuevo tal pecado entre los hombres; pero nunca se había difundido tanto como en la actualidad, llegando incluso a convertirse en un estilo de vida, una forma de pensar, toda una mentalidad antivida o anticonceptiva.

¡Con qué trinos canta la alondra en las mañanas de primavera!; ¡cómo resuenan los gorjeos del ruiseñor!; ¡cómo pían alegres las aves canoras de Dios! ¿Por qué?, ¿por qué todo esto? Por amor a los «pequeños». Cada canción, cada nido, toda la poesía de la vida es por ellos, por los polluelos. Hasta la loba más fiera, o la leona más feroz, se estremecen de ternura cuando cuidan en la jungla a sus pequeños.

Pero en la especie humana no ocurre lo mismo, hay madres que espían con horror y hasta con odio la llegada de nuevos hijos, para cerrarles el camino antes que los pobrecitos hayan podido nacer. La fiera se deja matar en defensa de sus cachorros; la mujer moderna, hace lo contrario, pone todos los medios para que su hijo no sea concebido, y si es concebido, para que no nazca... con una frialdad espeluznante, por puro egoísmo, para que no perturbe en lo más mínimo su bienestar...

He ahí hasta dónde se rebaja la madre cuando la humanidad se separa de Cristo.

Ser madre siempre ha significado mucha abnegación, mucha mortificación, muchos sacrificios; ¡pero hoy día significa no pocas veces tener un heroísmo de mártir! Si en estos tiempos la esposa quiere ser madre, ha de prepararse a sufrir los más duros ataques. Su esposo, su amiga, la vecina, la portera, la costurera, la manicura...; todos intentarán, primero de un modo prudente y solapado, después de forma descarada, hacerle ver que lo que está deseando es una temeridad, una auténtica barbaridad, que no lo permiten los tiempos.

¡Madres! ¿Queréis un pensamiento que os conforte en estos trances? Pensad en el severo reproche que Nuestro Señor Jesucristo dirigió a la higuera estéril. Pensad en la Santísima Virgen, que al saber por revelación del cielo los misterios de su divina maternidad, con alegría desbordada y santa rompió a cantar:

«Mi alma glorifica al Señor..., porque ha hecho en mí cosas grandes Aquel que es poderoso...» (Lc 1, 46.49). ¡Levantad vuestra mirada a esta Santísima Madre, que nos muestra en sus brazos al Hijo amado invitándonos a ser auténticas madres! Pensad en la humanidad, porque sois su sostén. Y pensad también en la patria eterna, que, ciertamente, no podréis conquistar con diversiones, estudios o con prestigio humano..., sino con la alta misión a la que Dios os llamó, la buena crianza de los hijos —así te lo advierte el Apóstol (I Tim 2,15)—, y cumpliendo fielmente vuestros deberes de esposa y madre.

***

Quiero cerrar estas líneas con el caso trágico y sublime a la vez que se narra en el libro II (cap. XXI) de los Reyes, del Antiguo Testamento.

Saúl, rey de los hebreos, había castigado muy severamente a los gabaonitas; y éstos después se vengaron cruelmente crucificando en la cima de una montaña a sus dos hijos y cinco nietos; y para hacer más duro el castigo, no permitieron que se les enterrara.

Y ahora viene una escena escalofriante: se presenta Resfa, esposa de Saúl, y hace guardia junto a los siete cadáveres durante toda la noche... para que no fuesen triturados por los chacales. Con este fin enciende fuego, y se pone a gritar para asustar a las fieras y hacerlas huir... Alborea el día: hambrientas aves de rapiña revolotean sobre los muertos... y la mujer les tira piedras durante todo el día para que no se acerquen... Y así se pasa días y semanas, siempre en guardia junto a los cadáveres de sus hijos y nietos. ¡Durante seis meses!

Al fin se apiadan los gabaonitas de la madre y permiten a la madre que los sepulte... ¡Qué gran testimonio de lo que es el corazón de una madre! Y, sin embargo, en ese caso la madre tan sólo defendía los cadáveres de sus hijos muertos. ¡Vosotras, madres cristianas, defendéis las almas vivas, inmortales de vuestros hijos!

Mujeres, estad orgullosas de vuestra maternidad, justamente ahora, cuando se ve tan desprestigiada. Tened por Rey a Nuestro Señor Jesucristo, cuando tantos le rechazan.

¡Madres! ¡Está enferma la vida familiar, vosotras podéis curarla! ¡Madres! ¡Está enferma la vida social, y vosotras podéis curarla! ¡Madres! ¡Está enferma toda la humanidad, y vosotras podréis curarla!

El Señor de los cielos haga conocer a las mujeres la gran misión a la que Él las llama. Sólo entonces estará seguro el futuro de la sociedad y de la Iglesia.

CAPÍTULO XXIV

CRISTO, REY DE LA MUERTE

Cristo es Rey, no sólo de la vida, sino también de la muerte. La Iglesia dedica todo un mes, el de noviembre, especialmente, a los difuntos, y con ello nos está indicando que tengamos a la muerte siempre muy presente. Hemos de dar alivio a nuestros queridos difuntos, pero también hemos de acordarnos siempre de la muerte, para que adquiramos el recio temple y la serenidad que da el saber que estamos de paso.

La Iglesia parece poco simpática cuando nos grita:

«¡Hombres! Recordad a vuestros muertos queridos; aún más: recordad también vuestra propia muerte».

Pero ella nos habla de la muerte, no para asustarnos, sino para alentarnos. Los cementerios nos predican la verdad, aunque nos duela; y para evitar que nos desesperemos, campea sobre las tumbas la cruz. Cristo, Rey de la muerte, nos alcanza la resurrección.

Pero, ¿qué cosa nos predica la Iglesia al recordarnos la muerte?

Nos predica una gran verdad, espantosa ciertamente: la vida del hombre en esta tierra dura unos decenios, y después se termina. Todos hemos de morir: yo como tú.

«¿Para qué pensar en ello? ¿Por qué echar a perder nuestro buen humor?», dice la gente. Y realmente abundan los que no quieren pensar en la muerte, en este momento tan serio. Viven como si fueran a vivir siempre en este mundo. ¡Pero cómo se engañan! Pensemos o no en la muerte, de momento en momento vamos acercándonos a ella; la diferencia entre uno y otro caso estriba en que el hombre que piensa muchas veces en la muerte deja de temerla.

Es la muerte, sin duda, un poder temible. Ve a los cementerios..., ¿qué lees en las tumbas? Que el niño pequeño, el hombre adulto, el anciano, el poderoso como el débil, el pobre como el rico, todos han de morir.

Ave, Caesar, morituri te salutant! Te saludamos, César, los que vamos a morir. Es el gran grito que la humanidad lanza sin cesar al paso de la muerte...; pero este César jamás indulta. Levanta su mano para que muramos, no para ejercer misericordia. Estamos condenados a morir desde nuestro nacimiento. El sueño, la comida, el vestido, el descanso, no son más que intentos de suprimir la muerte. ¡Finalmente vence ella!

¡Cuántas cosas nos dicen aquellos muertos silenciosos!: "¡Yo era como tú, tú serás como yo!» Que pienses en ello o lo olvides, poco importa. «Vigilad, porque en la hora que menos penséis, vendrá el Hijo del Hombre», dice el Señor.

Talleyrand, el célebre político francés, tenía mucho miedo a la muerte. La palabra «muerte», no se podía pronunciar en su presencia. No se atrevían a comunicarle la muerte de sus mejores amigos; tanto es así, que de algunos no llegó a saber que hubiesen fallecido. Pero en vano vigilaba, en vano se defendía: un día también enfermó él. Suplicante, dijo a su médico: «Le doy un millón de francos por cada mes que logre prolongar mi vida.» En vano... Cuando llegó su hora, también él murió...

«Cuando llegó su hora...» ¡Qué sé yo si dentro de un año no habrá llegado también mi hora! «¿Quién sabe cuándo llegará?, dice alguno para consolarse. Sí, también yo digo lo mismo, pero con otra entonación: ¿Quién sabe cuándo llegará?

¡Alerta todos!, no queramos correr la suerte del mayordomo del rey Salomón.

Es una antigua leyenda. Cuéntase que la muerte llamó una mañana a la puerta del mayordomo de Salomón, y le miró de una manera tan rara, con tanta sorpresa, que aquel poderoso cortesano sintió helarse la sangre en sus venas. Corrió al rey: «Señor mío, gran rey —le dijo—: Siempre he sido tu fiel vasallo, no me niegues ahora una demanda: dame tu corcel más rápido.» El rey no podía negarse ante tal ruego, y accedió a la misma. El mayordomo saltó a la silla del caballo y... adelante, ¡a escapar como sea!... Durante todo el día espoleó a su caballo jadeante...; quería ir lejos..., lo más lejos posible, para huir de la muerte...

Cuando entró la noche, jinete y caballo se detuvieron agotados para descansar un poco, allá lejos, a un lado del camino. Cuando el mayordomo salta, casi sin fuerzas, de la silla, ¡Dios mío!,

¿qué es lo que ve allí? ¿Quién está sentado a la vera del camino, mirando al cansado jinete? La Muerte. El mayordomo, agotado, se rinde a su suerte, y dice: «Veo que no puedo huir de ti; pues heme aquí, llévame. Pero, antes, contesta a una sola pregunta: Esta mañana, cuando entraste en mi cuarto, ¿por qué me mirabas con tanta sorpresa?» «Pues, ¿sabes? —le contesta la Muerte—, fue porque había recibido la orden de apoderarme de ti al ocaso del sol, aquí, junto a este camino. Y me sorprendí y dije para mis adentros: será algo difícil, ese sitio está muy lejos. Pero veo que, no obstante, has venido...» La Muerte se llevaba al mayordomo.

¿Qué advierte el Señor?... «Vigilad, porque en la hora que menos penséis vendrá el Hijo del Hombre» (Mt 24,42).

La muerte habla también de lo horroroso que es el pecado. La muerte asusta. ¿Por qué? Porque no entraba en el plan primero de Dios la muerte del hombre. ¿Qué será, pues, el pecado a los ojos de Dios, cuando Él lo castiga con la muerte? Nuestros primeros padres, al comer la fruta prohibida, comieron también la muerte. El proyecto primigenio de Dios era que también nuestro cuerpo fuese inmortal. Pero, después del pecado, este cuerpo se hizo frágil como la olla de barro (es la misma Sagrada Escritura quien lo dice). Y aún más frágil: porque una olla, si no sufre percance, puede durar siglos. Pero la vida de un hombre es de unos «setenta años, o acaso de ochenta»; de todos modos, por mucho que lo guarden, se resuelve en un puñado de cenizas. ¿Qué será, pues, el pecado, cuando tal castigo mereció de Dios?

A la luz de estos principios, ¿podemos seguir teniendo un concepto frívolo de la vida?

Los trapenses suelen saludarse de esta manera: Memento morí, «Piensa en la muerte». Nosotros también hemos de meditarla con frecuencia. Sobre todo en las horas de la tentación. El espejo de Numa Pompilio, antiguo rey romano, tenía por marco una calavera con esta inscripción: *Hoc speculum non fallit*: «Este espejo no engaña.» El pensamiento de la muerte tampoco engaña: bajo su influencia disípanse muchas tentaciones de pecado. Porque vivir en cristiano resulta difícil algunas veces, y morir como tal es fácil: en cambio, es difícil la muerte para quien fue fácil la vida.

Y la muerte subraya la vanidad del mundo. A voz en cuello, pregona la gran verdad: No temas cuando sufres; no te fíes demasiado cuando todo va bien.

Hormina, un distinguido persa, fue una vez a Roma, en esos tiempos capital del orbe. Al despedirse, le preguntó el emperador romano: «¿Qué te ha parecido Roma? ¿No desearías quedarte aquí?» «Señor mío —contestó el persa—, en ninguna parte del mundo he visto bellezas tan admirables. Pero si me es lícito hablar con sinceridad, te diré que estas bellezas no me deslumbraron. Porque entre columnas, arcos de triunfo, palacios y templos magníficos, he visto también tumbas. ¿De suerte que en Roma mueren los hombres lo mismo que en Persia? Cuando descubrí esta verdad, la más brillante hermosura se oscureció ante mis ojos.»

Mucha razón tenía este persa. También a mí me asalta un pensamiento todas las veces que estoy en un cementerio: «Si todos estos muertos, que descansan aquí por millares, resucitaran ahora con el permiso de vivir, pongamos, por ejemplo, un año, ¿qué sucedería? ¿Vivirían tan frívolamente, cometerían tantos pecados como en su primera vida?

¿Tendrían en tan poca estima los divinos preceptos? Ellos ya saben que la belleza, la riqueza, la vanidad, todo, todo pasa.»

Pero esto no es más que un sueño de la fantasía: los muertos no pueden volver; ya no les es dado reparar nada de lo que hicieron. Pero tú puedes reparar aún.

¡Piensa!

¿No has ofendido a tu prójimo, con quien habrías de hacer las paces?

¿No posees dinero, valores, que has adquirido ilegítimamente, y que habrías de restituir?

¿No hay nadie a quien habrías de decir: «¡Oh!, no hagas, no hagas lo que de mí has aprendido»?...

Todavía puedes repararlo todo.

No lo difieras, no digas: ya lo haré. No hay poder en el mundo capaz de retener en el cuerpo el alma que emprende su vuelo: ni la medicina, ni los mejores cuidados prodigados al enfermo, ni el sollozo de los presentes; por muy atroces que sean los sufrimientos que torturan al enfermo, no puede morir antes, y por mucho que quisiera vivir aún, no puede vivir más de lo que le permite la ley misteriosa de Dios. ¡Confiesa, pues, que es una insensatez pensar constantemente en el cuerpo y descuidarse del alma!

¿No ves con qué rapidez olvidan los hombres al muerto, y con qué facilidad van a divertirse al salir del cementerio? ¿No comprendes qué deprisa se derrumba la obra principal de tu vida?

¿No piensas cómo te olvidarán después de la muerte aquellos mismos que durante tu vida no se cansaban de alabarte? Pondera, pues, lo peligroso que es tratar de perseguir el favor de los hombres y no buscar la aprobación del Dios eterno.

Con las mismas razones, la muerte encarece la importancia de la vida terrena.

Con la muerte no se acaba todo. Cuando muere el hombre, viene el juicio.

«Todo se acabó», solloza la viuda cuando su esposo agonizante exhala el último suspiro. ¡Ah!, no es así. Porque si todo se hubiera acabado... Pero es que no se acabó. Todo lo contrario: justamente al morir, estamos al principio: al principio de la vida eterna. Y todo depende de esto: cómo he vivido, en qué estado he muerto.

Con frecuencia leemos en las esquelas mortuorias estas palabras: «Murió inesperadamente.» ¿Inesperadamente? Pero ¿no morimos «inesperadamente» casi todos? No sólo el que muere de un infarto, sino también el enfermo más grave, porque él... «no esperaba aún la muerte». Todos sabemos que hemos de morir; pero todos creemos que no ahora. Por lo tanto, hemos de esperarlo, hemos de estar preparados. No sabes dónde te espera la muerte: espérala tú, pues, en todas partes.

II

¡Las tumbas nos recuerdan nuestra muerte! Es algo que nos entristece, que nos quita los ánimos.

Pero en nuestras tumbas campea la cruz. ¿Y qué es lo que pregona la cruz en las tumbas? Nos dice que más allá hay una vida, que Cristo es Rey de la muerte, porque Cristo resucitando venció a la muerte.

El cementerio es tierra sagrada, es el gran campo labrado por Dios. Las semillas, los hombres, han sido sembradas en ella para que un día broten y prorrumpan a una vida eterna. Es Jesucristo, quien nos lo mereció. ¡Hay una vida más allá de la muerte!

Sí: los que viven para Cristo no temen la muerte.

El gran misionero San Francisco Javier murió consumido por la fiebre lejos de su patria, en una pequeña isla junto a la China, diciendo estas palabras: «Señor, en Ti he esperado; no seré confundido jamás.»

San Carlos no hacía en toda su vida más que vivir para Cristo, que mirarle a Él; así pudo decir en su lecho de muerte:

«Heme aquí que vengo.»

San Vicente de Paúl murió con estas palabras: «El mismo cumpla en mí su santa voluntad.»

San Andrés Avelino sintió el golpe de la muerte junto al altar cuando pronunciaba estas palabras: *Introito ad altare Dei*:

«Me acercaré al altar del Señor.»

Durante las persecuciones, un diácono de África estaba cantando justamente el aleluya pascual desde el púlpito, cuando una flecha vino a clavarse en su garganta, y hubo de acabar el aleluya ante el trono de Dios. No importa... ¡Cristo es Rey de la muerte!

En la catedral de San Esteban de Viena hay un monumento sepulcral que subyuga. Montando corcel brioso, sube por una colina cubierta de flores un joven príncipe vistiendo cota de malla. Al pie de la colina, una fuente. Detrás se oculta la pérfida muerte; su guadaña está encubierta por las hermosas flores. El jinete se inclina a la fuente; los rizos de sus cabellos caen por su rostro; en el límpido espejo del agua, la bóveda azul del cielo. Se levanta. La muerte le acomete. Nadie pudo librarse aún de tal golpe... Y hace trescientos años, un caballo volvió sin su jinete, y su dueño fue sepultado en dicha iglesia. Hoy detengo el paso ante el monumento. La inscripción fue borrada ya por el tiempo, y ni siquiera puedo preguntarle: «Apuesto caballero, ¿cómo te llamabas? ¡En la flor de la vida te acometió la muerte!»

¡Pero vive su alma!

Demos un paso más. Un amplio sarcófago de piedra en la iglesia. Hace tiempo que se convirtieron en polvo los restos del poderoso rey, soberano del mundo, ante quien se postraban millares de vasallos; ahora, también él es polvo. Ni siquiera nos paramos ante su monumento, porque nos llaman otros recuerdos. Las paredes están llenas de lápidas marmóreas que ostentan doradas inscripciones. Corona, triunfo, pompa, bienestar, hermosura, juventud, poder...; tales son las palabras que aún nos es dado leer en las losas carcomidas por el tiempo, y de ellas brota la lección: todo este brillo, toda esta gloria, pertenecen ya al pasado.

¡Pero sus almas viven!

Aprieto contra el frío mármol mi frente ardorosa y grito al fondo de las tumbas: «Tú, heroico capitán; tú, noble joven; tú, princesa de lindo rostro: tú, rey soberano; todos vosotros, que estáis aquí reducidos a cenizas, ¿habéis pensado en la muerte durante vuestra vida? Si lo habéis hecho, ahora estaréis felices de haberlo hecho...» Nadie contesta, no oigo más que el latido de mi corazón.

Y en el instante en que el pensamiento abrumador del perecer pesa sobre mí, se deja oír en el altar mayor el evangelio de la Misa de difuntos:

«Yo soy la resurrección y la vida; quien cree en Mí, aunque hubiere muerto, vivirá, y yo le resucitaré en el último día» (Jn 11,25,26). ¡Palabras consoladoras!...

Prosigue la santa Misa y resuena el prefacio admirable: «En verdad es justo y necesario, es nuestro deber y salvación darte gracias siempre y en todo lugar, Señor, Padre Santo, Dios todopoderoso y eterno, por Cristo nuestro Señor. En quien brilló para nosotros la esperanza de la feliz resurrección, para que nosotros, a quien entristece la certeza de la muerte, recibamos consuelo con la promesa de la futura inmortalidad. Porque para tus fieles, Señor, la vida no se extingue, sólo se transforma, y al desmoronarse nuestra casa terrenal adquirimos una mansión eterna en el cielo...»

Cristo es la resurrección y la vida. Nuestra vida no se pierde; tan sólo se transforma; y se nos prepara una mansión eterna en los cielos. ¡Cristo, Nuestro Señor Jesucristo! ¡Eres también Rey de la muerte!

* * *

El momento de la muerte es duro. Nadie —por muy cerca que esté de nosotros— puede ayudarnos en ese trance. Hemos de partir solos por el camino más difícil de nuestra vida.

Sin embargo..., hay una mano a que podemos asirnos. Una mano que fue taladrada en la cruz. Una mano que se extendió con misericordia hacia el ladrón crucificado. Una mano que se posó para perdonar en la cabeza de la Magdalena arrepentida...

La muerte es algo espantoso. Pero los que van guiados de Cristo por el difícil camino de la vida, no se sentirán oprimidos; el trance no les ha de ser difícil.

¿Cómo puedo saberlo?

Pues me lo dijo una niña. Una niña enferma. Uno de mis compañeros de sacerdocio fue llamado a confesar a una niña que agonizaba. Tiempo hacía que la niña se encontraba enferma; sabía que ya se acercaba la muerte; pero mostró tal tranquilidad, que el sacerdote le preguntó: «¿No tienes miedo, hija mía, a la muerte?»

«Antes sí la temía, pero desde que sucedió aquello de la avispa, desde entonces no la temo.» «¿De la avispa?» «Pues sí. Estaba sentada en el jardín y de repente vino una avispa grande y zumbaba, zumbaba y tenía miedo de que me picará...; yo grité:

¡Mamá! Y mi madre me sonrió y me abrazó, cubriéndome completamente, y me dijo: No tengas miedo, pequeñina mía. Y la avispa revoloteaba... y zumbaba..., y se puso en el brazo de mi madre y la picó..., y mi madre me seguía sonriendo: ¿Verdad que no te duele a ti? Pues mira, así será con la muerte, no te dolerá, porque su aguijón se rompió antes en el Corazón de Nuestro Señor Jesucristo. ¡Desde entonces no temo a la muerte!»

Quiera Nuestro Señor Jesucristo confortarnos cuando llegue nuestra hora y hacernos vivir el pensamiento de que el aguijón de la muerte quedó roto en su Corazón..., en su Corazón Sagrado.

CAPÍTULO XXV

¿QUIÉN ES CRISTO PARA NOSOTROS?

El año 1880 se celebró en Roma una gran asamblea. Uno de los oradores pronunció un solemne discurso en honor de Lucifer, jefe de los espíritus rebeldes. Y en medio del discurso se oyó este grito: *Evviva Satana!* "¡Viva Satanás!» Y cinco mil gargantas repitieron el grito: "¡Ha muerto Dios, viva Satanás!»

Nos espanta esta increíble tosquedad espiritual, este culto al diablo; y, sin embargo, los miles de pecados que se cometen en la actualidad, ¿qué otra cosa son sino idolatría infernal?

¡Cuántas cosas ha hecho la humanidad contra Dios! La Revolución francesa quiso destruir a Dios; hizo un manifiesto diciendo que ya no se necesitaba a Dios. ¿Nos, asombra esta necedad? Y, sin embargo, ¿qué otra cosa son los innumerables horrores de nuestra época sino el cumplimiento del decreto revolucionario y su promulgación a toda la humanidad? Y la revolución contra Dios continúa. Recordemos aquellos días funestos en que los estudiantes de Viena cantaban: «¡No soy cristiano, soy socialista!»

¡Cuántas cosas ha probado la humanidad contra Dios!..., y todo en vano.

Por esto, el Papa, Su Santidad Pío XI, nos amonestó: Hombres, volved a Cristo, a quien Dios le dio un nombre que está sobre todo nombre: «no se ha dado a los hombres otro nombre debajo del cielo, por el cual debamos salvarnos» (Hechos 4,12).

Individuos, ¡volved a Cristo! Sociedades, ¡volved a Cristo! Naciones, ¡volved a Cristo! Familia, políticos, economistas, pensadores, ¡volved a Cristo! Prensa, espectáculos, literatura, empresas, Bancos, industria, finanzas, ¡volved a Cristo! ¡Hombres, pereceréis si no tenéis a Jesucristo por vuestro Rey!

Estos son los pensamientos que explicamos en todas las páginas de este libro. En los dos últimos capítulos quiero resumir lo dicho, y trazar a la vez los rasgos característicos, definitivos, de Cristo Rey.

Únicamente el que le conozca podrá amarlo en toda verdad y guardarle fidelidad en todos los momentos de la vida. ¡Y cuanto más le conozca, tanto más le amará!...

¡En este capítulo intentaremos conocerle más! ¡Iremos hojeando el Evangelio, para que el mismo Señor nos conteste a estas preguntas: ¿Quién eres Tú? ¿Qué nos dices de Ti mismo?

* * *

Abro el Evangelio según San Juan y leo lo que dice el Señor en un pasaje: «Yo soy la puerta. El que por Mí entre se salvará» (Jn 10,9).

Jesucristo es la puerta, y no puedo salvarme a no ser que entrando por Él. «Por Él», es decir, si miro el mundo con sus ojos, si pienso del mundo con su espíritu, si lo que Él considera importante es importante para mí, si no ato mi corazón a lo que fue para Él cosa secundaria.

¡Mirar el mundo con los ojos de Cristo! ¡Qué provechosa lección de vida se encierra en esta frase, al parecer tan sencilla!

¿Por qué bajó a la tierra Nuestro Señor Jesucristo? Para formar un nuevo tipo de hombre: el del hombre que lucha por la vida eterna. Todo en Jesucristo sirve para este plan: su vida, sus palabras, su pasión, su muerte, la fundación de la Iglesia.

Cristo era omnisciente; y con todo, no promulgó una sola verdad de tipo científico, porque no la consideraba de importancia decisiva.

Cristo es todopoderoso; y, sin embargo, no quiso dejar orientaciones para la técnica, para la industria, que multiplicará su eficacia.

Cristo era la belleza eterna; y no hizo un solo cuadro, ni una estatua, ni una poesía, ni una composición musical.

Cristo era el amor eterno; y no enseñó cómo se han de curar la tuberculosis o el cáncer, ni cómo se han de practicar las operaciones quirúrgicas.

Cristo amó en extremo al niño; y con todo, no legó a la posteridad un método pedagógico para provecho de los pequeños.

¿Por qué? ¡Porque todas estas cosas no las consideraba de importancia decisiva! ¿Qué era, pues, lo importante para Él? Creer en Dios, orar, obedecer a los padres, decir la verdad, guardar puro el corazón; en otras palabras, mirar el mundo a la luz de sus enseñanzas. Él es la puerta, y sólo el que por Él entre se salvará.

Seguimos preguntando: Dime, Señor, ¿quién eres Tú? Y nos contesta el Señor en otro pasaje: «*Yo soy el buen pastor*» (Jn 10,11).

Cristo es mi pastor, que nunca me abandona, que no huye a la llegada del enemigo, que da su vida por las ovejas. ¿Me es lícito abatirme, quebrantarme, desesperarme, si sé que Cristo es el pastor que me cuida entrañablemente? ¡Ah!, ¡si sopla el viento, se estremece el terso espejo del lago, se arruga mi frente, es natural, pero no me es lícito desesperarme! ¿No está permitido llorar? ¡Oh!, sí; ¡pero no rebelarse! También la flor inclina su cáliz lleno de lágrimas cuando el huracán desatado pasa por encima de ella. Del mismo modo que su rocío cae sobre la madre tierra, así me es lícito también a mí llorar; pero no sin esperanza, no quebrantado y roto, sino con la seguridad completa de que mis lágrimas caen en las manos amorosas del Buen Pastor!

Y el pensamiento del Buen Pastor, no solamente me consuela en la desgracia, sino que además me da fuerza en la tentación.

¡Qué fuerza lograría en todas las tentaciones, si en tales trances me acordara de esta gran verdad! ¡Este Cristo que tanto me amó, que dio la vida por mí, este Buen Pastor, me pide ahora tal o cual cosa, o me prohíbe ésta o aquélla! ¿Me es lícito desesperarme, dudar como hombre de poca fe, cuando Cristo me habla a través de las circunstancias? Porque Cristo se entregó por mí a la muerte; Cristo, el buen Pastor.

Y seguimos preguntando todavía: Dime, Señor, ¿quién eres Tú? Y así nos contesta Él: «Yo soy la vid, vosotros los sarmientos. Quien está unido conmigo y Yo con él, ése da mucho fruto, porque sin Mí nada podéis hacer. El que no permanece en Mí, será echado fuera, como el sarmiento inútil, y se secará, y le cogerán, y arrojarán al fuego, y arderá» (Jn 15,5-6).

Son palabras de Jesucristo.

Cristo es la vid y yo el sarmiento. ¡Qué seria advertencia!; pero ¡qué gran honor al mismo tiempo! El sarmiento únicamente vive mientras la savia vivificadora de la vid circula en él. También mi alma vivirá únicamente cuando la fuerza de Cristo circule en mí, cuando el Corazón de Cristo lata en mí, es decir, mientras yo sea hermano de Jesucristo.

La hiedra necesita de la roca; si puede trepar por ésta, se abre en flor, mientras que si se arrastra por el suelo, tiene una vida raquítica. La *siempreviva* necesita del roble; si puede abrazarse a él, recibe los rayos del sol vivificador; sin el roble, le falta la vida. También yo soy hiedra; Cristo es mi roca. También yo soy *siempreviva*; Cristo es mi roble. Si me agarro a Él, volaré con gozo cumplido por encima de esta vida terrena, tan llena de fango, tan sembrada de tristezas y amarguras.

El buen cristiano, de esta forma, disfruta de la vida. Las diversiones legítimas y puras han sido pensadas para él.

El buen cristiano nunca debe estar triste, mustio, amargado.

¡De ninguna manera! Todo lo contrario. El que tiene su alma en gracia, el que está unido al Señor, ha de tener una paz y una alegría rebosantes. El sarmiento que tiene comunicación vital con la vid, rebosa de vigor y lozanía. La floración más hermosa de la vida cristiana precisamente demuestra a los hombres que, para gozar de la verdadera alegría, no se necesita pecar, ni vivir frívolamente, ni hundirse en el desenfreno de la inmoralidad. Puede el cristiano ser tan duro consigo mismo, tan mortificado como San Francisco de Asís; y con todo, sentir su alma inundada de una gran felicidad, como saturada estaba el alma de este Santo, que hablaba con los pájaros del cielo, que predicaba a los peces y acariciaba al lobo del bosque. Para vivir así nunca he de olvidar que Cristo es la vid y yo el sarmiento; es decir; soy hermano de Cristo.

Soy hermano de Cristo; por tanto..., ¡voy con la cabeza erguida!

Soy hermano de Cristo; por tanto, mis ojos han de ser puros. Soy hermano de Cristo; por tanto, todas mis palabras han de ser expresión de la verdad.

Soy hermano de Cristo; por tanto, todas mis acciones han de ser rectas y justas.

Soy hermano de Cristo; por tanto, mi vida ha de ser digna del Señor.

He de irradiar la luz que resplandece en mi interior, no me queda más remedio. Han de ser luminosas mi vida, mis obras, mis palabras.

Soy hermano de Cristo; por tanto, no he de pensar, hablar, hacer, amar ninguna cosa que no pudiera pensar, decir, hacer y amar el mismo Cristo. Porque Él es la vid y yo soy el sarmiento.

Dime, Señor, ¿quién eres Tú? Y Cristo nos contesta: «Yo soy la luz del mundo: el que me sigue no camina a oscuras, sino que tendrá la luz de la vida» (Jn 8,12).

Me parece oír la objeción: ¿Cómo? ¿Cristo es la luz del mundo? ¡Si se cuentan por millones los que no se preocupan de Él, los que pasan a su lado sin mirarle siquiera! ¡Millones de hombres que no son cristianos!

Es verdad que todavía hoy muchos viven lejos de Cristo. Pero éstos, o no han oído todavía la Buena Nueva de Cristo, o ya no quieren saber más de Él. Estos últimos pregonan, sin saberlo, la grandeza de Cristo; porque hace dos mil años que luchan contra Él y no han logrado arrebatarle a sus ovejas. Los otros, los que todavía no le han conocido, ¡con qué alegría escuchan, cuando alguien les cuenta, la vida y palabras de Cristo! En efecto, ¿qué es, en comparación con la luz de Cristo, la doctrina de Buda, que viene de la nada y a la nada vuelve? ¿Qué es Mahoma, junto a la Luz del mundo? Mahoma ha querido sacar agua de los torrentes que salen de Cristo; bien poco ha sacado, le cabe en la cuenca de la mano. Su luz es prestada, escasa e impura.

¿Qué sería del mundo sin la luz de Cristo? No podemos ni imaginarnos a qué abismo de tinieblas llegaríamos.

¿Qué sería del mundo si la tierra se tragase ciudades y países enteros, si grandes océanos desapareciesen? Aún quedaría el mundo.

¿Qué sería de él si dejasen de existir todos los grandes inventos tecnológicos que tenemos? El mundo no dejaría aún de existir.

¿Qué sería de la historia mundial sin los grandes científicos, sin los filósofos más notables? Podríamos pasar sin ellos.

Pero ¿qué sería de la humanidad sin Cristo? Le faltaría el alma, y lo que quedase no sería más que un montón de escombros en una espantosa oscuridad. Cristo es la luz del mundo.

Dime, Señor, ¿quién eres Tú? Y contesta el SEÑOR: «Yo soy el pan de vida: el que viene a Mí no tendrá hambre: y el que cree en Mí no tendrá sed jamás» (Jn 14,6).

En efecto, Cristo es el pan de vida, porque sin Él no podríamos vivir. Si no tuviésemos a Cristo, ¿qué esperanza le quedaría al hombre pecador? Si no tuviésemos a Cristo, ¿quién se preocuparía de los pobres? Si no tuviésemos a Cristo, ¿quién refrenaría los excesos de los fuertes, quién levantaría el ánimo de los débiles? Si no tuviésemos a Cristo, ¿quién defendería a los niños por nacer? Si no tuviésemos a Cristo, ¿a quién acudiría el hombre sumido en la tentación? Si no tuviésemos Cristo, ¿a quién se acogería el pobre enfermo? Sí, Señor; sabemos, sentimos, experimentamos a cada paso, que Tú eres el pan de vida, y que el que va a Ti no tendrá más hambre, y el que cree en Ti no tendrá más sed.

Dime, Señor, ¿quién eres Tú? Y contesta el SEÑOR: «Yo soy el camino, y la verdad, y la vida» (Jn 14,6).

Muchos personajes han querido ser guías de la humanidad, pero nadie más que Cristo ha osado a afirmar *«Yo soy el camino»*, que debemos de ser como Él, que tenemos que imitarle en todo. La humanidad ha tenido muchos maestros, pero ninguno se ha atrevido a afirmar como Cristo: *«Yo soy la verdad»*. Muchas promesas se han hecho y se hacen en nuestros tiempos, pero no se nos dice: *«Yo soy la vida»*.

Si Cristo es el camino, entonces va desviado el que se aparta de Él. Si Cristo es la verdad, en errores cae el que le niega o hace alarde de desconocerle. Y si Cristo es la vida, como un árbol seco se quedará el que se niegue a recibir su savia.

Y este principio tiene fuerza no sólo para la vida de las personas, sino también para la vida de la sociedad, de los mismos Estados, de la humanidad. Si los caminos y leyes son contrarios a los caminos y leyes de Cristo, la ruina es segura, ya se trate de individuos como de colectividades.

Bien es verdad que Cristo no nos exime de las dificultades que trae consigo la vida; pero nos da la fuerza, el ánimo, la libertad interior, la madurez espiritual para soportarlos. El individuo que siga a Cristo será honrado en su proceder, merecerá la confianza de los demás, tendrá un gran espíritu de sacrificio, amará a su prójimo.

Hoy, más que nunca, la humanidad necesita vivir este espíritu cristiano. Porque vivimos en un mundo competitivo, donde lo principal es la ganancia y la eficiencia. Porque el egoísmo está a la orden del día, porque los conflictos de intereses se multiplican, porque los países ricos tratan de apoderarse del mundo, porque dominamos muchas materias, pero no nos dominamos a nosotros mismos.

Cristo es el camino y la verdad y la vida. Vida no sólo del individuo, sino también de la familia y de la sociedad.

Dime, Señor, ¿quién eres Tú? Y contesta el SEÑOR: «Yo soy la resurrección y la vida: quien cree en Mí, aunque haya muerto, vivirá» (Jn 9,25).

Estas palabras del Señor nos animan y dan esperanza. Mi vida tiene sentido, no se acaba con la muerte.

El Señor es capaz de que un muerto vuelva a la vida? Sí. Lo hizo varias veces durante su vida terrena.

Pero no nos lo acabamos de creer...

Él apaciguó la tempestad del lago de Genesaret... «Pero ¿de qué me sirve saberlo —objetará el marino que lucha contra el huracán—, si a mí me tragan los abismos?»

La orla de su vestido curó un día a los enfermos... «Pero ¿de qué me sirve —se queja un joven gravemente enfermo—, si yo hace años que estoy enfermo y no me curo?»

Jesús resucitó muertos... «Pero ¿de qué me sirve —así replica la viuda—, si a mí se me murió el esposo y se me murieron los hijos?»

¡Cuántos son los que así se quejan, pero sin razón! Jesucristo, en su vida terrena, no quiso apaciguar todas las tempestades, curar todos los enfermos, resucitar todos los muertos!

Porque no vino para esto. Si mandó al mar, a la enfermedad, a la muerte, lo hizo con el fin de demostrar que realmente «a Él se le ha dado toda potestad en el cielo y en la tierra», que sobre todas las desgracias, sobre la misma muerte, está su fuerza y que Él «es la resurrección y la vida, y quien cree en Él, aunque haya muerto, vivirá».

Si quisiera, podría salvar, aun hoy, a todos los náufragos. Si quisiera, podría curar a todos nuestros enfermos. Pero no es esto lo que Él quiere.

¿Qué quiere, pues?

Nos lo dice: *«Permaneced en mi amor»*. «El que me ama guardará mi palabra, y mi Padre le amará, y vendremos a él, y haremos morada en él.»

Es decir, estableced en vuestra propia alma y en el mundo entero el reino de Dios: el reino de la confianza anclado en Dios, el reino del amor a Dios, en Dios y por Dios. Trabajad para que mi amor abrase toda la tierra... Moriréis..., pero vendré de nuevo un día y borraré toda miseria y secaré toda lágrima... «Yo soy la resurrección y la vida; quien cree en Mí, aunque hubiere muerto, vivirá.»

* * *

He aquí que, al hojear el Evangelio, el santo y divino rostro de Nuestro Señor Jesucristo se ha vuelto con cada página más hermoso, más radiante, más cálido, más subyugador, más claro.

Quien conoce a Jesucristo lo sabe todo; el que le ignora, nada sabe.

Señor, Tú eres la puerta; haz que por Ti entre de una vez por todas.

Señor, Tú eres el Buen Pastor; haz que sea una dócil oveja de tu rebaño.

Señor, Tú eres la vid; haz que yo sea un sarmiento vivo que se alimenta de tu savia.

Señor, Tú eres la luz del mundo; haz que tu luz ilumine toda mi vida.

Señor, Tú eres el pan de la vida; aliméntame.

Señor, Tú eres el camino, la verdad y la vida; condúceme por el camino de la verdad a la vida divina.

Tú eres, Señor, la resurrección y la vida; creo que un día resucitaré para vivir contigo en el cielo.

CAPÍTULO XXVI

AVE, REX!

En este último capítulo quisiera presentar como en un cuadro de conjunto la imagen de «Cristo Rey». Quisiera pintar la divina imagen y ofrecerla en recuerdo a mis lectores, que quizá habrán de librar en su vida rudos combates. Porque nosotros, los cristianos, no podemos ser débiles. Si una gran parte de la sociedad se olvida por completo de Cristo, nosotros hemos de permanecer fieles, hemos de mantener la palabra dada a nuestro Rey. Mirémosle, por lo tanto, una vez más, porque en ello nos va la vida.

Señor, ¿qué pensaron de Ti los hombres durante tu vida terrena?

Señor, ¿qué pensaron de Ti los hombres en el decurso de los dos milenarios de la historia cristiana?

Señor, ¿qué pienso yo de Ti?

Son las tres preguntas a que debemos meditar.

I

Si estudiamos los Evangelios, veremos, no sin mucho asombro, que las opiniones de los hombres respecto de Cristo ya estaban divididas durante la vida mortal del Salvador. Siempre ha tenido amigos y enemigos; muchos admiraron sus palabras y sus acciones; unos le siguieron con entusiasmo; otros llegaron a decir: obra «por orden de Satanás», «seduce al pueblo»...

¿Cuál puede ser la causa de estas opiniones antagónicas? En la persona de Jesucristo había contrastes, se unían en ella rasgos extraordinarios; tal vez por esto diferían tanto las opiniones sobre su figura. Nosotros ya conocemos el secreto del misterio; ya sabemos que Jesucristo era Dios y también hombre; nos lo confirman justamente los contrastes, de otro modo incomprensibles, que se entretejen en toda su vida. Pero sus contemporáneos no lo sabían como nosotros, aunque tenían que descubrirlo, porque no les faltaban medios.

Veían a cada paso que la vida de Jesucristo estaba llena de contrastes admirables.

No mencionaré más que unos pocos...

Al nacer, es tan pobre, que ni siquiera es suyo el pesebre en que descansa. Pero, por otra parte, una estrella refulgente brilla sobre Él y conduce a los Magos que van a rendirle adoración.

Está escondido en un establo, nadie sabe de Él. Pero, por otra parte, un coro de ángeles baja del cielo y entona *el Gloria* al Niño desconocido.

Apenas puede mover sus manecitas, cuanto menos hacer daño con ellas; y, sin embargo, le buscan para darle la muerte. Pero los ángeles le protegen en la huída.

¿Quién puede ser este Cristo? ¿Podía ser un mero hombre? Hay más:

No iba a la escuela; y, con todo, a los doce años de edad enseña a los ancianos del pueblo y éstos quedan pasmados de su sabiduría.

Siempre ha sido un hijo obediente; y, a pesar de ello, se queda en el templo sin permiso; y cuando le encuentran sus padres, les dice que tenía que estar en la casa de su Padre.

¿Quién lo comprende? ¿Quién podía ser este niño?

Vive oculto durante treinta años; son pocas las personas que le conocen, y cuando empieza a enseñar, le bastan tres años para suscitar tal movimiento espiritual, que ni antes ni después de Él ha registrado la Historia otro igual.

San Juan Bautista predica perdón y bautiza en el desierto. Cristo va a él y se hace bautizar, como los otros pecadores. Pero al mismo tiempo se entreabren los cielos y se oye la palabra del Padre celestial: «Este es mi Hijo amado, en quien tengo puestas mis complacencias» (Mt 3,17).

¿Quién comprende estas cosas?

Es pobre, nada posee; no tiene dónde reclinar su cabeza. Y, no obstante, dice a cada uno de sus apóstoles: Déjalo todo por Mí; abandona tu casa, a tu padre, a tus hermanos, todo cuanto posees… por Mí. Y los hombres cumplen su mandato sin poner reparos, sólo por Él. Se cura el enfermo al sentir el toque de su mano. Se viste de luz la persona en quien reposa su mirada.

Manda al mar alborotado, y éste, como perro sumiso, obedece inmediatamente y se calma. Deja oír su voz ante una tumba, y empieza a circular la sangre coagulada y a latir el corazón muerto. Tiembla en el monte de los Olivos, pero después, con una sola palabra, hace desplomarse en tierra a todo un grupo de soldados. Muere abandonado, escarnecido, y al mismo momento exclama el centurión pagano: «Realmente éste era Hijo de Dios» (Mt 27,54). Le depositan en una tumba, la cierran; pero la tumba no puede contenerle… Le devuelve vivo.

¿Habéis visto un hombre como éste? Más bien, decidme:

¿Era ésta una vida humana? No. Tan alto como se levanta el cielo sobre la tierra, tanto sobrepasa la vida de Cristo los marcos de una simple vida humana.

II

Y si la opinión de los hombres respecto de Cristo era divergente ya entonces, lo mismo sucede en el decurso de los dos milenios cristianos.

Desde que la cruz de Cristo fue izada en las cimas del Gólgota, está como un gigantesco signo de interrogación ante los ojos de los hombres. Aquel Cristo de manos taladradas sacó de sus quicios el eje de la tierra, y desde entonces no hay nombre que resuene tanto en el mundo entero como el santo nombre de Jesucristo.

Detengámonos junto a este nombre admirable: Jesucristo. Un nombre compuesto de dos palabras de una lengua que ya no se habla. Y sin embargo, no hay palabra más conocida ni más amada. Fenómeno prodigioso: No se puede prescindir de Cristo; en favor o en contra, todos los hombres han de tomar posición respecto de Él.

Siempre ha tenido amigos. Cristo es imán prodigioso que atrae prodigiosamente; es el centro de la historia, todo gira en torno a Él. No se puede comparar con nadie. Reyes egipcios levantaron grandes pirámides; monarcas antiguos construyeron enormes edificios, y sus nombres no son hoy más que puros recuerdos, y sus obras yacen en ruinas; pero Jesucristo sigue siendo signo de contradicción.

¡Cuántos hombres eximios han existido! Hombres poderosos que gobernaban grandes imperios; ¿y quién se acuerda de ellos?

¡Cuántos sabios han existido! Pero después vinieron otros que los superaron. Tan sólo de Él, del Hijo del modesto carpintero, habla aún hoy todo el mundo, y Él es el único que no fue superado.

Él es el centro del universo. No sólo es una parte de la historia, sino que sin Él la misma historia no tiene sentido.

Con Él se empiezan a contar de los años, porque Él trastocó el mundo.

Todo pasa, todo termina en desengaños, desilusiones, todo envejece...; pero la palabra de Cristo no pasa de moda; la figura de Cristo sigue enamorando las almas.

Nadie odia a un personaje que ya no existe. Pero Cristo sigue suscitando enemigos. A los dos mil años de su muerte sigue presente; todavía es odiado, y todavía es amado.

No es solamente hombre.

Por muy grande, bueno, noble o malo que sea un hombre, pasadas algunas semanas, pasados algunos meses o años después de su muerte, ¿quién le quiere o le odia aún? A lo más si se conserva su recuerdo; pero ¿quién le odiará? ¿Quién odia hoy al emperador Nerón, que tanta sangre hizo correr? ¿Quién odia al Khan Batu, que invadió Hungría y la asoló? ¿Quién odia todavía al sultán Solimán? Y, sin embargo, todos ellos vivieron más tarde que Cristo. No importa. Han muerto, y con esto se acaba el odio. O bien: ¿quién ama todavía a los hombres más eximios? A Aristóteles, Platón, los héroes nacionales..., ¿quién los ama aún? Han muerto. Se rinde homenaje a su memoria, pero ¿se los ama?

Cristo es amado y odiado aún hoy.

Es odiado. ¿He de aducir ejemplos? ¿No oímos terribles blasfemias contra Cristo? ¿No vemos a veces que los ojos de un desalmado se llenan de sangre si él oye hablar de Cristo o del Cristianismo? ¿No está a la vista cómo es perseguida nuestra religión, la religión de Cristo? ¿No está hirviendo en miles y miles de libros, de conferencias, de periódicos... un odio satánico contra Cristo, un odio que hace escarnio de su doctrina, y quiere exterminar su amor en las almas? ¿No es odio a Cristo la manifiesta frivolidad moderna y pagana? ¿No sabemos los misterios de odio que llenan las logias masónicas? El que es odiado con tal intensidad aun después de dos mil años, no es solamente hombre.

¡Cuántas supuestos mesías han aparecido intentando desterrar a Cristo de las almas! Pero inútilmente, no lo lograron. Cuántas veces se ha llegado a decir: El Cristianismo ha dejado de existir, la doctrina de Cristo ya nadie la sigue... Y al poco tiempo la Iglesia se renueva y resplandece de nuevo con nuevos frutos.

Cristo siempre ha tenido enemigos..., que no pudieron prevalecer contra Él. Cristo ha sido siempre el ideal adorable de los hombres en todas las épocas.

Gracias a Él hemos sabido lo que vale un alma, pues Él se entregó para salvarla. Gracias a Cristo sabemos que estamos llamados a la vida eterna.

Si pudiésemos agrupar con la imaginación a todos los discípulos de Cristo que ha habido en estos dos mil años de cristianismo, y ponerlos en procesión, ¡qué inmensa procesión formarían! ¡Cuántos niños, jóvenes, doncellas, santos, pecadores arrepentidos...!.

Jesucristo sigue interpelando a los hombres. Nadie se puede quedar indiferente ante Él. Desde que Nuestro Señor Jesucristo apareció en la tierra, la humanidad se divide en dos bandos. Hay hombres que al oír el Santo Nombre de Jesús inclinan la cabeza y se hincan de rodillas; hay otros que lo rechazan.

Esto lo puedo constatar fácilmente. Hay hombres que al pasar junto a mí, ministro de Cristo, me saludan con respeto: «Alabado sea Jesucristo.» ¿Me saludan a mí? No; no me conocen; saludan a Cristo. Y hay otros que al pasar junto a mí escupen con repugnancia al suelo. ¿Es a mí a quien odian? No; tampoco me conocen; odian a Cristo.

Hay quienes afirman que Cristo es el ideal más grande que pueda concebirse; hay quienes dicen: ¿qué me importa este Jesús?, ¿qué tengo yo que ver con Él? Hay millones de hombres que están pendientes de Él con un amor jamás igualado; también hay millones que le odian. Es un hecho sorprendente, digno de ser meditado.

Cristo es también amado. Cuántos son los que todos los días le dicen desde lo íntimo de su corazón: «Jesús mío, te amo.» Y cuántos son los jóvenes que entregan su vida por Él, dejándolo todo...

El que dos mil años después de su muerte todavía es amado con tal fervor, no puede ser meramente hombre.

III

Y llegamos a la tercera pregunta, la más decisiva, la más candente: ¿Qué es Cristo para mí? Porque lo más importante para mí no es saber qué opinaron de Cristo los demás hombres, sino la contestación a esta pregunta: ¿Qué opino yo de Cristo? ¿Quién es Cristo para mí?

Contesto con tres palabras: Primera, es mi Señor; segunda, es mi Rey; tercera, es mi Dios.

¡Mi Señor! Hemos de consentir y procurar que Cristo se adueñe de nuestra alma.

Jesús buscó un día a sus discípulos en el lago de Genesaret, entre los publicanos y en las barcas de pescar. Hoy los busca en otros lugares: en el taller, en la escuela, en la oficina, en la fábrica, en la cocina, en las aulas. No hay choza, por humilde que sea, ni hay palacio en que no busque Jesús discípulos, jóvenes y doncellas, hombres y mujeres, ancianos y niños. A todos nos busca... para ser sus discípulos.

¿Cuál debe ser mi respuesta?

¡Señor mío! ¡Maestro mío! ¡Aquí me tienes, tuyo soy. Haz de mí lo que quieras.

Cuando me agobia la cruz pesada de la vida, ¿sé pronunciar con fervor estas palabras: ¡Dulce Jesús, es por tu amor! Cuando la tentación me invita a pecar, ¿sé pronunciar con decisión inquebrantable estas palabras: "¡Jesús mío, no, no quiero pecar; resisto por Ti!? Cuando me cuesta mucho cumplir con el deber, ¿soy capaz de decir: «¡Jesús mío, lo hago por Ti!»?

¿Sé decirlo? ¿Lo digo? Entonces, Él es mi Señor. Cristo es además mi Rey.

Tiene ya aquí abajo un reino, el reino de las almas. Dondequiera que haya un hombre que aspire a la santidad, que luche contra el pecado; dondequiera que haya un hombre que se olvide de sí mismo y ejercite la caridad..., allí tiene su reino Cristo, allí Él es el Rey.

Cristo también es mi Dios.

Es mi Dios, a quien adoro. Procuro imaginarme la *humanidad sacratísima* de Cristo. Beso con fervor sus llagas, que sangran por mí. Miro con gratitud su frente ceñida por corona de espinas... quiero reparar de alguna manera lo que yo le causé.

Esto ha de ser Cristo para mí. El latir de mi corazón ha de ir al compás del suyo; sus deseos han de ser mis deseos; he da amarle con todo mi corazón, con toda mi alma, con todas mis fuerzas. Entrega absoluta. Adoración. Es mi Dios.

¡Cristo es mi Dios y mi todo! ¡Lo creo firmemente!

Que no llegue a reprocharme Cristo lo que está escrito en la catedral de Lübeck!:

«Me llamáis Maestro —y con todo, no me preguntáis.

»Me llamáis luz —y no me veis.

»Me llamáis verdad —y no me creéis.

»Me llamáis camino —y no vais por este camino.

»Me llamáis vida —y no me deseáis.

»Decís que soy sabio —y no me seguís.

»Decís que soy hermoso —y no me amáis.

»Decís que soy rico —y no me pedís.

»Decís que soy eterno —y no me buscáis.

»Decís que soy misericordioso —y no confiáis en mí.

»Decís que soy noble —y no me servís.

»Decís que soy omnipotente —y no me honráis.

»Decís que soy justiciero —y no me teméis.»

¿Qué es, pues, Cristo para mí? Una Persona viva; una vida que aún continúa, en la cual vivo yo, la cual está en mí; vida que me acompaña; vida de la cual no puedo librarme. No puedo, ni tampoco quiero. Él extiende sus brazos, está conmigo día y noche; cuando trabajo, Él me ayuda; cuando lloro, llora conmigo.

¡Cristo, eres mi Señor! ¡Cristo, eres mi Rey! ¡Cristo, eres mi Dios!

Tú, mi dulce Jesús, me has sostenido en los combates de mi juventud, que has perdonado mis pecados, que me has alimentado con tu Cuerpo sacratísimo... Gracias, Dios mío.

«Ave, Rex!» ¡Salve, Rey Divino, Nuestro Señor Jesucristo!

CARTA ENCÍCLICA

QUAS PRIMAS
DEL SUMO PONTÍFICE
PÍO XI

SOBRE LA FIESTA DE CRISTO REY

En la primera encíclica, que al comenzar nuestro Pontificado enviamos a todos los obispos del orbe católico, analizábamos las causas supremas de las calamidades que veíamos abrumar y afligir al género humano.

Y en ella proclamamos Nos claramente no sólo que este cúmulo de males había invadido la tierra, porque la mayoría de los hombres se habían alejado de Jesucristo y de su ley santísima, así en su vida y costumbres como en la familia y en la gobernación del Estado, sino también que nunca resplandecería una esperanza cierta de paz verdadera entre los pueblos mientras los individuos y las naciones negasen y rechazasen el imperio de nuestro Salvador.

La «paz de Cristo en el reino de Cristo»

1.Por lo cual, no sólo exhortamos entonces a buscar la paz de Cristo en el reino de Cristo, sino que, además, prometimos que para dicho fin haríamos todo cuanto posible nos fuese. En el reino de Cristo, dijimos: pues estábamos persuadidos de que no hay medio más eficaz para restablecer y vigorizar la paz que procurar la restauración del reinado de Jesucristo.

2.Entre tanto, no dejó de infundirnos sólida, esperanza de tiempos mejores la favorable actitud de los pueblos hacia Cristo y su Iglesia, única que puede salvarlos; actitud nueva en unos, reavivada en otros, de donde podía colegirse que muchos que hasta entonces habían estado como desterrados del reino del Redentor, por haber despreciado su soberanía, se preparaban felizmente y hasta se daban prisa en volver a sus deberes de obediencia.

Y todo cuanto ha acontecido en el transcurso del Año Santo, digno todo de perpetua memoria y recordación, ¿acaso no ha redundado en indecible honra y gloria del Fundador de la Iglesia, Señor y Rey Supremo?

«Año Santo»

3. Porque maravilla es cuánto ha conmovido a las almas la Exposición Misional, que ofreció a todos el conocer bien ora el infatigable esfuerzo de la Iglesia en dilatar cada vez más el reino de su Esposo por todos los continentes e islas — aun, de éstas, las de mares los más remotos—, ora el crecido número de regiones conquistadas para la fe católica por la sangre y los sudores de esforzadísimos e invictos misioneros, ora también las vastas regiones que todavía quedan por someter a la suave y salvadora soberanía de nuestro Rey.

Además, cuantos —en tan grandes multitudes— durante el Año Santo han venido de todas partes a Roma guiados por sus obispos y sacerdotes, ¿qué otro propósito han traído sino postrarse, con sus almas purificadas, ante el sepulcro de los apóstoles y visitarnos a Nos para proclamar que viven y vivirán sujetos a la soberanía de Jesucristo?

4. Como una nueva luz ha parecido también resplandecer este reinado de nuestro Salvador cuando Nos mismo, después de comprobar los extraordinarios méritos y virtudes de seis vírgenes y confesores, los hemos elevado al honor de los altares, ¡Oh!, cuánto gozo y cuánto consuelo embargó nuestra alma cuando, después de promulgados por Nos los decretos de canonización, una inmensa muchedumbre de fieles, henchida de gratitud, cantó el Tu, *Rex gloriae Christe* en el majestuoso templo de San Pedro!

Y así, mientras los hombres y las naciones, alejados de Dios, corren a la ruina y a la muerte por entre incendios de odios y luchas fratricidas, la Iglesia de Dios, sin dejar nunca de ofrecer a los hombres el sustento espiritual, engendra y forma nuevas generaciones de santos y de santas para Cristo, el cual no cesa de levantar hasta la eterna bienaventuranza del reino celestial a cuantos le obedecieron y sirvieron fidelísimamente en el reino de la tierra.

5.Asimismo, al cumplirse en el Año Jubilar el XVI Centenario del concilio de Nicea, con tanto mayor gusto mandamos celebrar esta fiesta, y la celebramos Nos mismo en la Basílica Vaticana, cuanto que aquel sagrado concilio definió y proclamó como dogma de fe católica la consustancialidad del Hijo Unigénito con el Padre, además de que, al incluir las palabras cuyo reino no tendrá fin en su Símbolo o fórmula de fe, promulgaba la real dignidad de Jesucristo.

Habiendo, pues, concurrido en este Año Santo tan oportunas circunstancias para realzar el reinado de Jesucristo, nos parece que cumpliremos un acto muy conforme a nuestro deber apostólico si, atendiendo a las súplicas elevadas a Nos, individualmente y en común, por muchos cardenales, obispos y fieles católicos, ponemos digno fin a este Año Jubilar introduciendo en la sagrada liturgia una festividad especialmente dedicada a Nuestro Señor Jesucristo Rey. Y ello de tal modo nos complace, que deseamos, venerables hermanos, deciros algo acerca del asunto. A vosotros toca acomodar después a la inteligencia del pueblo cuanto os vamos a decir sobre el culto de Cristo Rey; de esta suerte, la solemnidad nuevamente instituida producirá en adelante, y ya desde el primer momento, los más variados frutos.

I. LA REALEZA DE CRISTO

6.Ha sido costumbre muy general y antigua llamar Rey a Jesucristo, en sentido metafórico, a causa del supremo grado de excelencia que posee y que le encumbra entre todas las cosas creadas. Así, se dice que reina en las inteligencias de los hombres, no tanto por el sublime y altísimo grado de su ciencia cuanto porque Él es la Verdad y porque los hombres necesitan beber de Él y recibir obedientemente la verdad. Se dice también que reina en las voluntades de los hombres, no sólo porque en Él la voluntad humana está entera y perfectamente sometida a la santa voluntad divina, sino también porque con sus mociones e inspiraciones influye en nuestra libre voluntad y la enciende en nobilísimos propósitos. Finalmente, se dice con verdad que Cristo reina en los corazones de los hombres porque, con su supereminente caridad(1) y con su mansedumbre y benignidad, se hace amar por las almas de manera que jamás nadie —entre todos los nacidos— ha sido ni será nunca tan amado como Cristo Jesús. Mas, entrando ahora de lleno en el asunto, es evidente que también en sentido propio y estricto le pertenece a Jesucristo como hombre el título y la potestad de Rey; pues sólo en cuanto hombre se dice de Él que recibió del Padre la potestad, el honor y el reino(2); porque como Verbo de Dios, cuya sustancia es idéntica a la del Padre, no puede menos de tener común con él lo que es propio de la divinidad y, por tanto, poseer también como el Padre el mismo imperio supremo y absolutísimo sobre todas las criaturas.

a) En el Antiguo Testamento

7. Que Cristo es Rey, lo dicen a cada paso las Sagradas Escrituras.

Así, le llaman el dominador que ha de nacer de la estirpe de Jacob(3); el que por el Padre ha sido constituido Rey sobre el monte santo de Sión y recibirá las gentes en herencia y en posesión los confines de la tierra(4). El salmo nupcial, donde bajo la imagen y representación de un Rey muy opulento y muy poderoso se celebraba al que había de ser verdadero Rey de Israel, contiene estas frases: El trono tuyo, ¡oh Dios!, permanece por los siglos de los siglos; el cetro de su reino es cetro de rectitud(5). Y omitiendo otros muchos textos semejantes, en otro lugar, como para dibujar mejor los caracteres de Cristo, se predice que su reino no tendrá límites y estará enriquecido con los dones de la justicia y de la paz: Florecerá en sus días la justicia y la abundancia de paz... y dominará de un mar a otro, y desde el uno hasta el otro extrema del orbe de la tierra(6).

8. A este testimonio se añaden otros, aún más copiosos, de los profetas, y principalmente el conocidísimo de Isaías: Nos ha nacido un Párvulo y se nos ha dado un Hijo, el cual lleva sobre sus hombros el principado; y tendrá por nombre el Admirable, el Consejero, Dios, el Fuerte, el Padre del siglo venidero, el Príncipe de Paz. Su imperio será amplificado y la paz no tendrá fin; se sentará sobre el solio de David, y poseerá su reino para afianzarlo y consolidarlo haciendo reinar la equidad y la justicia desde ahora y para siempre(7). Lo mismo que Isaías vaticinan los demás profetas. Así Jeremías, cuando predice que de la estirpe de David nacerá el vástago justo, que cual hijo de David reinará como Rey y será sabio y juzgará en la tierra(8). Así Daniel, al anunciar que el Dios del cielo fundará un reino, el cual no será jamás destruido..., permanecerá eternamente(9); y poco después añade: Yo estaba observando durante la visión nocturna, y he aquí que venía entre las nubes del cielo un personaje que parecía el Hijo del Hombre; quien se adelantó hacia el Anciano de muchos días y le presentaron ante Él. Y diole éste la potestad, el honor y el reino: Y todos los pueblos, tribus y lenguas le servirán: la potestad suya es potestad eterna, que no le será quitada, y su reino es indestructible(10). Aquellas palabras de Zacarías donde predice al Rey manso que, subiendo sobre una asna y su pollino, había de entrar en Jerusalén, como Justo y como Salvador, entre las aclamaciones de las turbas(11), ¿acaso no las vieron realizadas y comprobadas los santos evangelistas?

b) En el Nuevo Testamento

9.Por otra parte, esta misma doctrina sobre Cristo Rey que hemos entresacado de los libros del Antiguo Testamento, tan lejos está de faltar en los del Nuevo que, por lo contrario, se halla magnífica y luminosamente confirmada.

En este punto, y pasando por alto el mensaje del arcángel, por el cual fue advertida la Virgen que daría a luz un niño a quien Dios había de dar el trono de David su padre y que reinaría eternamente en la casa de Jacob, sin que su reino tuviera jamás fin(12), es el mismo Cristo el que da testimonio de su realeza, pues ora en su último discurso al pueblo, al hablar del premio y de las penas reservadas perpetuamente a los justos y a los réprobos; ora al responder al gobernador romano que públicamente le preguntaba si era Rey; ora, finalmente, después de su resurrección, al encomendar a los apóstoles el encargo de enseñar y bautizar a todas las gentes, siempre y en toda ocasión oportuna se atribuyó el título de Rey(13) y públicamente confirmó que es Rey(14), y solemnemente declaró que le ha sido dado todo poder en el cielo y en la tierra(15). Con las cuales palabras, ¿qué otra cosa se significa sino la grandeza de su poder y la extensión infinita de su reino? Por lo tanto, no es de maravillar que San Juan le llame Príncipe de los reyes de la tierra(16), y que Él mismo, conforme a la visión apocalíptica, lleve escrito en su vestido y en su muslo: Rey de Reyes y Señor de los que dominan(17). Puesto que el Padre constituyó a Cristo heredero universal de todas las cosas(18), menester es que reine Cristo hasta que, al fin de los siglos, ponga bajo los pies del trono de Dios a todos sus enemigos(19).

c) **En la Liturgia**

10.De esta doctrina común a los Sagrados Libros, se siguió necesariamente que la Iglesia, reino de Cristo sobre la tierra, destinada a extenderse a todos los hombres y a todas las naciones, celebrase y glorificase con multiplicadas muestras de veneración, durante el ciclo anual de la liturgia, a su Autor y Fundador como a Soberano Señor y Rey de los reyes.

Y así como en la antigua salmodia y en los antiguos *Sacramentarios* usó de estos títulos honoríficos que con maravillosa variedad de palabra expresan el mismo concepto, así también los emplea actualmente en los diarios actos de oración y culto a la Divina Majestad y en el Santo Sacrificio de la Misa. En esta perpetua alabanza a Cristo Rey descúbrese fácilmente la armonía tan hermosa entre nuestro rito y el rito oriental, de modo que se ha manifestado también en este caso que *la ley de la oración constituye la ley de la creencia.*

d) Fundada en la unión hipostática

11. Para mostrar ahora en qué consiste el fundamento de esta dignidad y de este poder de Jesucristo, he aquí lo que escribe muy bien San Cirilo de Alejandría: *Posee Cristo soberanía sobre todas las criaturas, no arrancada por fuerza ni quitada a nadie, sino en virtud de su misma esencia y naturaleza*(20). Es decir, que la soberanía o principado de Cristo se funda en la maravillosa unión llamada hipostática. De donde se sigue que Cristo no sólo debe ser adorado en cuanto Dios por los ángeles y por los hombres, sino que, además, los unos y los otros están sujetos a su imperio y le deben obedecer también en cuanto hombre; de manera que por el solo hecho de la unión hipostática, Cristo tiene potestad sobre todas las criaturas.

e) Y en la redención

12. Pero, además, ¿qué cosa habrá para nosotros más dulce y suave que el pensamiento de que Cristo impera sobre nosotros, no sólo por derecho de naturaleza, sino también por derecho de conquista, adquirido a costa de la redención? Ojalá que todos los hombres, harto olvidadizos, recordasen cuánto le hemos costado a nuestro Salvador. Fuisteis rescatados no con oro o plata, que son cosas perecederas, sino con la sangre preciosa de Cristo, como de un Cordero Inmaculado y sin tacha(21). No somos, pues, ya nuestros, puesto que Cristo nos ha comprado por precio grande(22); hasta nuestros mismos cuerpos son miembros de Jesucristo(23).

II. CARÁCTER DE LA REALEZA DE CRISTO

a) Triple potestad

13. Viniendo ahora a explicar la fuerza y naturaleza de este principado y soberanía de Jesucristo, indicaremos brevemente que contiene una triple potestad, sin la cual apenas se concibe un verdadero y propio principado. Los testimonios, aducidos de las Sagradas Escrituras, acerca del imperio universal de nuestro Redentor, prueban más que suficientemente cuanto hemos dicho; y es dogma, además, de fe católica, que Jesucristo fue dado a los hombres como Redentor, en quien deben confiar, y como legislador a quien deben obedecer(24). Los santos Evangelios no sólo narran que Cristo legisló, sino que nos lo presentan legislando. En diferentes circunstancias y con diversas expresiones dice el Divino Maestro que quienes guarden sus preceptos demostrarán que le aman y permanecerán en su caridad(25). El mismo Jesús, al responder a los judíos, que le acusaban de haber violado el sábado con la maravillosa curación del paralítico, afirma que el Padre le había dado la potestad judicial, porque el Padre no juzga a nadie, sino que todo el poder de juzgar se lo dio al Hijo(26). En lo cual se comprende también su derecho de premiar y castigar a los hombres, aun durante su vida mortal, porque esto no puede separarse de una forma de juicio. Además, debe atribuirse a Jesucristo la potestad llamada ejecutiva, puesto que es necesario que todos obedezcan a su mandato, potestad que a los rebeldes inflige castigos, a los que nadie puede sustraerse.

b) Campo de la realeza de Cristo

a) En Lo espiritual

14. Sin embargo, los textos que hemos citado de la Escritura demuestran evidentísimamente, y el mismo Jesucristo lo confirma con su modo de obrar, que este reino es principalmente espiritual y se refiere a las cosas espirituales. En efecto, en varias ocasiones, cuando los judíos, y aun los mismos apóstoles, imaginaron erróneamente que el Mesías devolvería la libertad al pueblo y restablecería el reino de Israel, Cristo les quitó y arrancó esta vana imaginación y es-

peranza. Asimismo, cuando iba a ser proclamado Rey por la muchedumbre, que, llena de admiración, le rodeaba, Él rehusó tal título de honor huyendo y escondiéndose en la soledad. Finalmente, en presencia del gobernador romano manifestó que su reino no era de este mundo. Este reino se nos muestra en los evangelios con tales caracteres, que los hombres, para entrar en él, deben prepararse haciendo penitencia y no pueden entrar sino por la fe y el bautismo, el cual, aunque sea un rito externo, significa y produce la regeneración interior. Este reino únicamente se opone al reino de Satanás y a la potestad de las tinieblas; y exige de sus súbditos no sólo que, despegadas sus almas de las cosas y riquezas terrenas, guarden ordenadas costumbres y tengan hambre y sed de justicia, sino también que se nieguen a sí mismos y tomen su cruz. Habiendo Cristo, como Redentor, rescatado a la Iglesia con su Sangre y ofreciéndose a sí mismo, como Sacerdote y como Víctima, por los pecados del mundo, ofrecimiento que se renueva cada día perpetuamente, ¿quién no ve que la dignidad real del Salvador se reviste y participa de la naturaleza espiritual de ambos oficios?

b) En lo temporal

15. Por otra parte, erraría gravemente el que negase a Cristo-Hombre el poder sobre todas las cosas humanas y temporales, puesto que el Padre le confirió un derecho absolutísimo sobre las cosas creadas, de tal suerte que todas están sometidas a su arbitrio. Sin embargo de ello, mientras vivió sobre la tierra se abstuvo enteramente de ejercitar este poder, y así como entonces despreció la posesión y el cuidado de las cosas humanas, así también permitió, y sigue permitiendo, que los poseedores de ellas las utilicen.

Acerca de lo cual dice bien aquella frase: No quita los reinos mortales el que da los celestiales(27). Por tanto, a todos los hombres se extiende el dominio de nuestro Redentor, como lo afirman estas palabras de nuestro predecesor, de feliz memoria, León XIII, las cuales hacemos con gusto nuestras: El imperio de Cristo se extiende no sólo sobre los pueblos católicos y sobre aquellos que habiendo recibido el bautismo pertenecen de derecho a la Iglesia, aunque el error los tenga extraviados o el cisma los separe de la caridad, sino que comprende también a cuantos no participan de la fe cristiana, de suerte que bajo la potestad de Jesús se halla todo el género humano(28).

c) En los individuos y en la sociedad

16. Él es, en efecto, la fuente del bien público y privado. Fuera de Él no hay que buscar la salvación en ningún otro; pues no se ha dado a los hombres otro nombre debajo del cielo por el cual debamos salvarnos(29).

Él es sólo quien da la prosperidad y la felicidad verdadera, así a los individuos como a las naciones: *porque la felicidad de la nación no procede de distinta fuente que la felicidad de los ciudadanos, pues la nación no es otra cosa que el conjunto concorde de ciudadanos*(30). No se nieguen, pues, los gobernantes de las naciones a dar por sí mismos y por el pueblo públicas muestras de veneración y de obediencia al imperio de Cristo si quieren conservar incólume su autoridad y hacer la felicidad y la fortuna de su patria. Lo que al comenzar nuestro pontificado escribíamos sobre el gran menoscabo que padecen la autoridad y el poder legítimos, no es menos oportuno y necesario en los presentes tiempos, a saber: «Desterrados Dios y Jesucristo —lamentábamos— de las leyes y de la gobernación de los pueblos, y derivada la autoridad, no de Dios, sino de los hombres, ha sucedido que... hasta los mismos fundamentos de autoridad han quedado arrancados, una vez suprimida la causa principal de que unos tengan el derecho de mandar y otros la obligación de obedecer. De lo cual no ha podido menos de seguirse una violenta conmoción de toda la humana sociedad privada de todo apoyo y fundamento sólido»(31).

17. En cambio, si los hombres, pública y privadamente, reconocen la regia potestad de Cristo, necesariamente vendrán a toda la sociedad civil increíbles beneficios, como justa libertad, tranquilidad y disciplina, paz y concordia. La regia dignidad de Nuestro Señor, así como hace sacra en cierto modo la autoridad humana de los jefes y gobernantes del Estado, así también ennoblece los deberes y la obediencia de los súbditos. Por eso el apóstol San Pablo, aunque ordenó a las casadas y a los siervos que reverenciasen a Cristo en la

persona de sus maridos y señores, mas también les advirtió que no obedeciesen a éstos como a simples hombres, sino sólo como a representantes de Cristo, porque es indigno de hombres redimidos por Cristo servir a otros hombres: Rescatados habéis sido a gran costa; no queráis haceros siervos de los hombres(32).

18. Y si los príncipes y los gobernantes legítimamente elegidos se persuaden de que ellos mandan, más que por derecho propio por mandato y en representación del Rey divino, a nadie se le ocultará cuán santa y sabiamente habrán de usar de su autoridad y cuán gran cuenta deberán tener, al dar las leyes y exigir su cumplimiento, con el bien común y con la dignidad humana de sus inferiores. De aquí se seguirá, sin duda, el florecimiento estable de la tranquilidad y del orden, suprimida toda causa de sedición; pues aunque el ciudadano vea en el gobernante o en las demás autoridades públicas a hombres de naturaleza igual a la suya y aun indignos y vituperables por cualquier cosa, no por eso rehusará obedecerles cuando en ellos contemple la imagen y la autoridad de Jesucristo, Dios y hombre verdadero.

19. En lo que se refiere a la concordia y a la paz, es evidente que, cuanto más vasto es el reino y con mayor amplitud abraza al género humano, tanto más se arraiga en la conciencia de los hombres el vínculo de fraternidad que los une. Esta convicción, así como aleja y disipa los conflictos frecuentes, así también endulza y disminuye sus amarguras. Y si el reino de Cristo abrazase de hecho a todos los hombres, como los abraza de derecho, ¿por qué no habríamos de esperar aquella paz que el Rey pacífico trajo a la tierra, aquel Rey que vino para reconciliar todas las cosas; que no vino a que le sirviesen, sino a servir; que siendo el Señor de todos, se hizo a sí mismo ejemplo de humildad y estableció como ley principal esta virtud, unida con el mandato de la caridad; que, finalmente dijo: Mi yugo es suave y mi carga es ligera.

¡Oh!, qué felicidad podríamos gozar si los individuos, las familias y las sociedades se dejaran gobernar por Cristo! Entonces verdaderamente —diremos con las mismas palabras de nuestro predecesor León XIII dirigió hace veinticinco años a todos los obispos del orbe católico—, entonces se podrán curar tantas heridas, todo derecho recobrará su vigor antiguo, volverán los bienes de la paz, caerán de las manos las espadas y las armas, cuando todos acepten de buena voluntad el imperio de Cristo, cuando le obedezcan, cuando toda lengua proclame que Nuestro Señor Jesucristo está en la gloria de Dios Padre(33).

III. LA FIESTA DE JESUCRISTO REY

20. Ahora bien: para que estos inapreciables provechos se recojan más abundantes y vivan estables en la sociedad cristiana, necesario es que se propague lo más posible el conocimiento de la regia dignidad de nuestro Salvador, para lo cual nada será más eficaz que instituir la festividad propia y peculiar de Cristo Rey.

Las fiestas de la Iglesia

Porque para instruir al pueblo en las cosas de la fe y atraerle por medio de ellas a los íntimos goces del espíritu, mucho más eficacia tienen las fiestas anuales de los sagrados misterios que cualesquiera enseñanzas, por autorizadas que sean, del eclesiástico magisterio.

Estas sólo son conocidas, las más veces, por unos pocos fieles, más instruidos que los demás; aquéllas impresionan e instruyen a todos los fieles; éstas —digámoslo así— hablan una sola vez, aquéllas cada año y perpetuamente; éstas penetran en las inteligencias, a los corazones, al hombre entero. Además, como el hombre consta de alma y cuerpo, de tal manera le habrán de conmover necesariamente las solemnidades externas de los días festivos, que por la variedad y hermosura de los actos litúrgicos aprenderá mejor las divinas doctrinas, y convirtiéndolas en su propio jugo y sangre, aprovechará mucho más en la vida espiritual.

En el momento oportuno

21. Por otra parte, los documentos históricos demuestran que estas festividades fueron instituidas una tras otra en el transcurso de los siglos, conforme lo iban pidiendo la necesidad y utilidad del pueblo cristiano, esto es, cuando hacía falta robustecerlo contra un peligro común, o defenderlo contra los insidiosos errores de la herejía, o animarlo y encenderlo con mayor frecuencia para que conociese y venerase con mayor devoción algún misterio de la fe, o algún beneficio de la divina bondad. Así, desde los primeros siglos del cristianismo, cuando los fieles eran acerbísimamente perseguidos, empezó la liturgia a conmemorar a los mártires para que, como dice San Agustín, las festividades de los mártires fuesen otras tantas exhortaciones al martirio(34). Más tarde, los honores litúrgicos concedidos a los santos confesores, vírgenes y viudas sirvieron maravillosamente para reavivar en los fieles el amor a las virtudes, tan necesario aun en tiempos pacíficos. Sobre todo, las festividades instituidas en honor a la Santísima Virgen contribuyeron, sin duda, a que el pueblo cristiano no sólo enfervorizase su culto a la Madre de Dios, su poderosísima protectora, sino también a que se encendiese en más fuerte amor hacia la Madre celestial que el Redentor le había legado como herencia. Además, entre los beneficios que produce el público y legítimo culto de la Virgen y de los Santos, no debe ser pasado en silencio el que la Iglesia haya podido en todo tiempo rechazar victoriosamente la peste de los errores y herejías.

22. En este punto debemos admirar los designios de la divina Providencia, la cual, así como suele sacar bien del mal, así también permitió que se enfriase a veces la fe y piedad de los fieles, o que amenazasen a la verdad católica falsas doctrinas, aunque al cabo volvió ella a resplandecer con nuevo fulgor, y volvieron los fieles, despertados de su letargo, a enfervorizarse en la virtud y en la santidad. Asimismo, las festividades incluidas en el año litúrgico durante los tiempos modernos han tenido también el mismo origen y han producido idénticos frutos. Así, cuando se entibió la reverencia y culto al Santísimo Sacramento, entonces se instituyó la fiesta del Corpus Christi, y se mandó celebrarla de tal modo que la solemnidad y magnificencia litúrgicas durasen por toda la octava, para atraer a los fieles a que veneraran públicamente al Señor. Así también, la festividad del Sacra-

tísimo Corazón de Jesús fue instituida cuando las almas, debilitadas y abatidas por la triste y helada severidad de los jansenistas, habíanse enfriado y alejado del amor de Dios y de la confianza de su eterna salvación.

Contra el moderno laicismo

23. Y si ahora mandamos que Cristo Rey sea honrado por todos los católicos del mundo, con ello proveeremos también a las necesidades de los tiempos presentes, y pondremos un remedio eficacísimo a la peste que hoy inficiona a la humana sociedad. Juzgamos peste de nuestros tiempos al llamado laicismo con sus errores y abominables intentos; y vosotros sabéis, venerables hermanos, que tal impiedad no maduró en un solo día, sino que se incubaba desde mucho antes en las entrañas de la sociedad. Se comenzó por negar el imperio de Cristo sobre todas las gentes; se negó a la Iglesia el derecho, fundado en el derecho del mismo Cristo, de enseñar al género humano, esto es, de dar leyes y de dirigir los pueblos para conducirlos a la eterna felicidad. Después, poco a poco, la religión cristiana fue igualada con las demás religiones falsas y rebajada indecorosamente al nivel de éstas. Se la sometió luego al poder civil y a la arbitraria permisión de los gobernantes y magistrados. Y se avanzó más: hubo algunos de éstos que imaginaron sustituir la religión de Cristo con cierta religión natural, con ciertos sentimientos puramente humanos. No faltaron Estados que creyeron poder pasarse sin Dios, y pusieron su religión en la impiedad y en el desprecio de Dios.

24. Los amarguísimos frutos que este alejarse de Cristo por parte de los individuos y de las naciones ha producido con tanta frecuencia y durante tanto tiempo, los hemos lamentado ya en nuestra encíclica Ubi arcano, y los volvemos hoy a lamentar, al ver el germen de la discordia sembrado por todas partes; encendidos entre los pueblos los odios y rivalidades que tanto retardan, todavía, el restablecimiento de la paz; las codicias desenfrenadas, que con frecuencia se esconden bajo las apariencias del bien público y del amor patrio; y, brotando de todo esto, las discordias civiles, junto

con un ciego y desatado egoísmo, sólo atento a sus particulares provechos y comodidades y midiéndolo todo por ellas; destruida de raíz la paz doméstica por el olvido y la relajación de los deberes familiares; rota la unión y la estabilidad de las familias; y, en fin, sacudida y empujada a la muerte la humana sociedad.

La fiesta de Cristo Rey

25. Nos anima, sin embargo, la dulce esperanza de que la fiesta anual de Cristo Rey, que se celebrará en seguida, impulse felizmente a la sociedad a volverse a nuestro amadísimo Salvador. Preparar y acelerar esta vuelta con la acción y con la obra sería ciertamente deber de los católicos; pero muchos de ellos parece que no tienen en la llamada convivencia social ni el puesto ni la autoridad que es indigno les falten a los que llevan delante de sí la antorcha de la verdad. Estas desventajas quizá procedan de la apatía y timidez de los buenos, que se abstienen de luchar o resisten débilmente; con lo cual es fuerza que los adversarios de la Iglesia cobren mayor temeridad y audacia. Pero si los fieles todos comprenden que deben militar con infatigable esfuerzo bajo la bandera de Cristo Rey, entonces, inflamándose en el fuego del apostolado, se dedicarán a llevar a Dios de nuevo los rebeldes e ignorantes, y trabajarán animosos por mantener incólumes los derechos del Señor.

Además, para condenar y reparar de alguna manera esta pública apostasía, producida, con tanto daño de la sociedad, por el laicismo, ¿no parece que debe ayudar grandemente la celebración anual de la fiesta de Cristo Rey entre todas las gentes? En verdad: cuanto más se oprime con indigno silencio el nombre suavísimo de nuestro Redentor, en las reuniones internacionales y en los

Parlamentos, tanto más alto hay que gritarlo y con mayor publicidad hay que afirmar los derechos de su real dignidad y potestad.

Continúa una tradición

26. ¿Y quién no echa de ver que ya desde fines del siglo pasado se preparaba maravillosamente el camino a la institución de esta festividad? Nadie ignora cuán sabia y elocuentemente fue defendido este culto en numerosos libros publicados en gran variedad de lenguas y por todas partes del mundo; y asimismo que el imperio y soberanía de Cristo fue reconocido con la piadosa práctica de dedicar y consagrar casi innumerables familias al Sacratísimo Corazón de Jesús. Y no solamente se consagraron las familias, sino también ciudades y naciones. Más aún: por iniciativa y deseo de León XIII fue consagrado al Divino Corazón todo el género humano durante el Año Santo de 1900.

27. No se debe pasar en silencio que, para confirmar solemnemente esta soberanía de Cristo sobre la sociedad humana, sirvieron de maravillosa manera los frecuentísimos Congresos eucarísticos que suelen celebrarse en nuestros tiempos, y cuyo fin es convocar a los fieles de cada una de las diócesis, regiones, naciones y aun del mundo todo, para venerar y adorar a Cristo Rey, escondido bajo los velos eucarísticos; y por medio de discursos en las asambleas y en los templos, de la adoración, en común, del augusto Sacramento públicamente expuesto y de solemnísimas procesiones, proclamar a Cristo como Rey que nos ha sido dado por el cielo. Bien y con razón podría decirse que el pueblo cristiano, movido como por una inspiración divina, sacando del silencio y como escondrijo de los templos a aquel mismo Jesús a quien los impíos, cuando vino al mundo, no quisieron recibir, y llevándole como a un triunfador por las vías públicas, quiere restablecerlo en todos sus reales derechos.

Coronada en el Año Santo

28. Ahora bien: para realizar nuestra idea que acabamos de exponer, el Año Santo, que toca a su fin, nos ofrece tal oportunidad que no habrá otra mejor; puesto que Dios, habiendo benignísimamente levantado la mente y el corazón de los fieles a la consideración de los bienes celestiales que sobrepasan el sentido, les ha devuelto el don de su gracia, o los ha confirmado en el camino recto, dándoles nuevos estímulos para emular mejores carismas. Ora, pues, atendamos a tantas súplicas como los han sido hechas, ora consideremos los acontecimientos del Año Santo, en verdad que sobran motivos para convencernos de que por fin ha llegado el día, tan vehementemente deseado, en que anunciemos que se debe honrar con fiesta propia y especial a Cristo como Rey de todo el género humano.

29.Porque en este año, como dijimos al principio, el Rey divino, verdaderamente admirable en sus santos, ha sido gloriosamente magnificado con la elevación de un nuevo grupo de sus fieles soldados al honor de los altares. Asimismo, en este año, por medio de una inusitada Exposición Misional, han podido todos admirar los triunfos que han ganado para Cristo sus obreros evangélicos al extender su reino. Finalmente, en este año, con la celebración del centenario del concilio de Nicea, hemos conmemorado la vindicación del dogma de la consustancialidad del Verbo encarnado con el Padre, sobre la cual se apoya como en su propio fundamento la soberanía del mismo Cristo sobre todos los pueblos.

Condición litúrgica de la fiesta

30.Por tanto, con nuestra autoridad apostólica, instituimos la fiesta de nuestro Señor Jesucristo Rey, y decretamos que se celebre en todas las partes de la tierra el último domingo de octubre, esto es, el domingo que inmediatamente antecede a la festividad de Todos los Santos. Asimismo ordenamos que en ese día se renueve todos los años la consagración de todo el género humano al Sacratísimo Corazón de Jesús, con la misma fórmula que nuestro predecesor, de santa memoria, Pío X, mandó recitar anualmente.

Este año, sin embargo, queremos que se renueve el día 31 de diciembre, en el que Nos mismo oficiaremos un solemne pontifical en honor de Cristo Rey, u ordenaremos que dicha consagración se haga en nuestra presencia. Creemos que no podemos cerrar mejor ni más convenientemente el Año Santo, ni dar a Cristo, *Rey inmortal de los siglos*, más amplio testimonio de nuestra gratitud — con lo cual interpretamos la de todos los católicos— por los beneficios que durante este Año Santo hemos recibido Nos, la Iglesia y todo el orbe católico.

31.No es menester, venerables hermanos, que os expliquemos detenidamente los motivos por los cuales hemos decretado que la festividad de Cristo Rey se celebre separadamente de aquellas otras en las cuales parece ya indicada e implícitamente solemnizada esta misma dignidad real. Basta advertir que, aunque en todas las fiestas de nuestro Señor el objeto material de ellas es Cristo, pero su objeto formal es enteramente distinto del título y de la potestad real de Jesucristo. La razón por la cual hemos querido establecer esta festividad en día de domingo es para que no tan sólo el clero honre a Cristo Rey con la celebración de la misa y el rezo del oficio divino, sino para que también el pueblo, libre de las preocupaciones y con espíritu de santa alegría, rinda a Cristo preclaro testimonio de su obediencia y devoción. Nos pareció también el último domingo de octubre mucho más acomodado para esta festividad que todos los demás, porque en él casi finaliza el año litúrgico; pues así sucederá que los misterios de la vida de Cristo, conmemorados en el transcurso del año, terminen y reciban coronamiento en esta solemnidad de Cristo Rey, y antes de celebrar la gloria de Todos los Santos, se celebrará y se exaltará la gloria de aquel que triunfa en todos los santos y elegidos. Sea, pues, vuestro deber y vuestro oficio, venerables hermanos, hacer de modo que a la celebración de esta fiesta anual preceda, en días determinados, un curso de predicación al pueblo en todas las parroquias, de manera que, instruidos cuidadosamente los fieles sobre la naturaleza, la significación e importancia de esta festividad, emprendan y ordenen un género de vida que sea verdaderamente digno de los que anhelan servir amorosa y fielmente a su Rey, Jesucristo.

Con los mejores frutos

32.Antes de terminar esta carta, nos place, venerables hermanos, indicar brevemente las utilidades que en bien, ya de la Iglesia y de la sociedad civil, ya de cada uno de los fieles esperamos y Nos prometemos de este público homenaje de culto a Cristo Rey.

a) Para la Iglesia

En efecto: tributando estos honores a la soberanía real de Jesucristo, recordarán necesariamente los hombres que la Iglesia, como sociedad perfecta instituida por Cristo, exige —por derecho propio e imposible de renunciar— plena libertad e independencia del poder civil; y que en el cumplimiento del oficio encomendado a ella por Dios, de enseñar, regir y conducir a la eterna felicidad a cuantos pertenecen al Reino de Cristo, no pueden depender del arbitrio de nadie.

Más aún: el Estado debe también conceder la misma libertad a las órdenes y congregaciones religiosas de ambos sexos, las cuales, siendo como son valiosísimos auxiliares de los pastores de la Iglesia, cooperan grandemente al establecimiento y propagación del reino de Cristo, ya combatiendo con la observación de los tres votos la triple concupiscencia del mundo, ya profesando una vida más perfecta, merced a la cual aquella santidad que el divino Fundador de la Iglesia quiso dar a ésta como nota característica de ella, resplandece y alumbra, cada día con perpetuo y más vivo esplendor, delante de los ojos de todos.

b)Para la sociedad civil

33.La celebración de esta fiesta, que se renovará cada año, enseñará también a las naciones que el deber de adorar públicamente y obedecer a Jesucristo no sólo obliga a los particulares, sino también a los magistrados y gobernantes.

A éstos les traerá a la memoria el pensamiento del juicio final, cuando Cristo, no tanto por haber sido arrojado de la gobernación del Estado cuanto también aun por sólo haber sido ignorado o menospreciado, vengará terriblemente todas estas injurias; pues su regia dignidad exige que la sociedad entera se ajuste a los mandamientos divinos y a los principios cristianos, ora al establecer las leyes, ora al administrar justicia, ora finalmente al formar las almas de los jóvenes en la sana doctrina y en la rectitud de costumbres. Es, además, maravillosa la fuerza y la virtud que de la meditación de estas cosas podrán sacar los fieles para modelar su espíritu según las verdaderas normas de la vida cristiana.

*c)***Para los fieles**

34. Porque si a Cristo nuestro Señor le ha sido dado todo poder en el cielo y en la tierra; si los hombres, por haber sido redimidos con su sangre, están sujetos por un nuevo título a su autoridad; si, en fin, esta potestad abraza a toda la naturaleza humana, claramente se ve que no hay en nosotros ninguna facultad que se sustraiga a tan alta soberanía. Es, pues, necesario que Cristo reine en la inteligencia del hombre, la cual, con perfecto acatamiento, ha de asentir firme y constantemente a las verdades reveladas y a la doctrina de Cristo; es necesario que reine en la voluntad, la cual ha de obedecer a las leyes y preceptos divinos; es necesario que reine en el corazón, el cual, posponiendo los efectos naturales, ha de amar a Dios sobre todas las cosas, y sólo a Él estar unido; es necesario que reine en el cuerpo y en sus miembros, que como instrumentos, o en frase del apóstol San Pablo, *como armas de justicia para Dios*(35), deben servir para la interna santificación del alma. Todo lo cual, si se propone a la meditación y profunda consideración de los fieles, no hay duda que éstos se inclinarán más fácilmente a la perfección.

35. Haga el Señor, venerables hermanos, que todos cuantos se hallan fuera de su reino deseen y reciban el suave yugo de Cristo; que todos cuantos por su misericordia somos ya sus súbditos e hijos llevemos este yugo no de mala gana, sino con gusto, con amor y santidad, y que nuestra vida, conformada siempre a las leyes del reino divino, sea rica en hermosos y abundantes frutos; para que, siendo considerados por Cristo como siervos buenos y fieles, lleguemos a ser

con Él participantes del reino celestial, de su eterna felicidad y gloria.

Estos deseos que Nos formulamos para la fiesta de la Navidad de nuestro Señor Jesucristo, sean para vosotros, venerables hermanos, prueba de nuestro paternal afecto; y recibid la bendición apostólica, que en prenda de los divinos favores os damos de todo corazón, a vosotros, venerables hermanos, y a todo vuestro clero y pueblo.

Dado en Roma, junto a San Pedro, el 11 de diciembre de 1925, año cuarto de nuestro pontificado.

Notas

1. Ef 3,19.
2. Dan 7,13-14.
3. Núm 24,19.
4. Sal 2.
5. Sal 44.
6. Sal 71.
7. Is 9,6-7.
8. Jer 23,5.
9. Dan 2,44.
10. Dan 7 13-14.
11. Zac 9,9.
12. Lc 1,32-33.
13. Mt 25,31-40.
14. Jn 18,37.
15. Mt 28,18.
16. Ap 1,5.
17. Ibíd., 19,16.
18. Heb 1,1.
19. 1 Cor 15,25.
20. In Luc. 10. 21. 1 Pt 1,18-19. 22. 1 Cor 6,20. 23. Ibíd., 6,15.
24. Conc. Trid., ses.6 c.21. 25. Jn 14,15; 15,10.
26. Jn 5,22.
27. Himno Crudelis Herodes, en el of. de Epif.
28. Enc. Annum sacrum, 25 mayo 1899.
29. Hech 4,12.
30. S. Agustín, Ep. ad Macedonium c.3

31. Enc. Ubi arcano.
32. 1 Cor 7,23.
33. Enc. Annum sacrum, 25 mayo 1899.
34. Sermón 47: De sanctis.
35. Rom 6,13.

Mons. Tihamer Toth

Tihamér Tóth (Szolnok, 14 de enero 1889 – Budapest, 5 de mayo 1939) fue un sacerdote católico húngaro, obispo de Veszprém, que destacó como predicador y su dedicación a la pastoral de jóvenes y estudiantes.

Era el tercero de los cinco hijos del matrimonio formado por Anna Prisztella y el abogado Mátyás Tóth, fallecido en 1895.

Se formó en el seminario menor de Eger, terminó los estudios secundarios, continuando su formación en Teología en Budapest, París y Viena, obteniendo el doctorado y siendo ordenado presbítero en 1911.

El 30 de mayo de 1938 fue nombrado por el papa Pío XI obispo coadjutor de Veszprém, y tras fallecer el obispo Nándor Rotta lo sucedió en la misma diócesis el 3 de marzo de 1939.

Murió el 5 de mayo de 1939 a causa de encefacilitis tras una operación quirúrgica. En 1943 se inició su proceso de beatificación.

Escribió numerosos libros, entre ellos: El joven de carácter, Creo en Dios, Los diez mandamientos, El matrimonio cristiano, Cristo Rey, Padrenuestro, Prensa y cátedra, Formación religiosa para los jóvenes, y muchos más.

*Este libro se terminó de
imprimir el 24 de septiembre de 2020
en Ediciones María Auxiliadora.
Querétaro, México*

Printed in France by Amazon
Brétigny-sur-Orge, FR